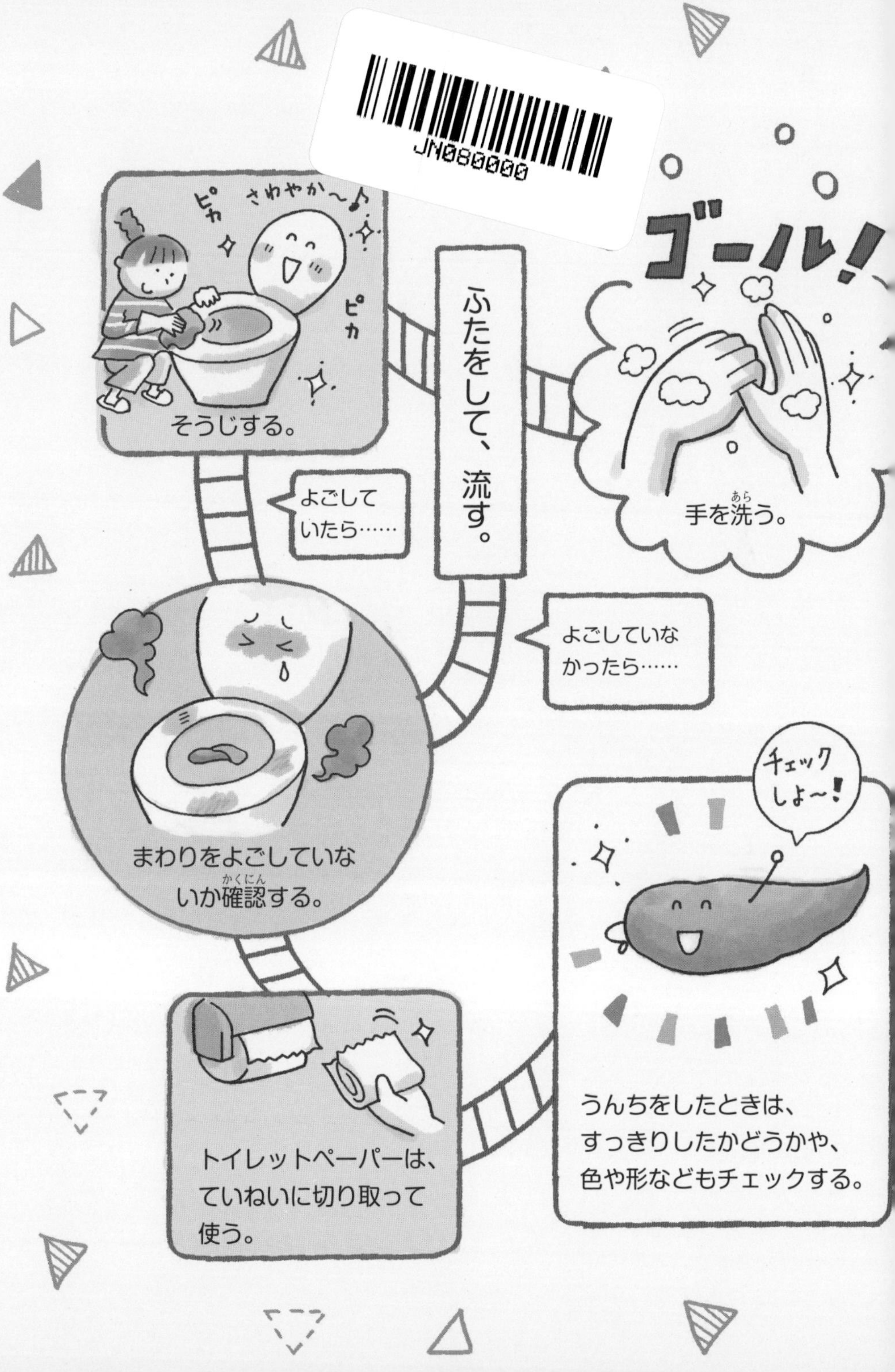

チェックしよ～!
うんちをしたときは、
すっきりしたかどうかや、
色や形などもチェックする。
トイレットペーパーは、
ていねいに切り取って
使う。
まわりをよごしていな
いか確認《かくにん》する。
よごして
いたら……
ピカ
さわやか～♪
ピカ
そうじする。
よごしていな
かったら……
ふたをして、流す。
手を洗《あら》う。
ゴール!

日本に今ものこっている　もっとも古いトイレ

東福寺《とうふくじ》・東司《とうす》（京都府《ふ》）

内部にはあながほられている。あなにつぼを入れて用をたしていた。

写真提供：大本山東福寺

ところにはトイレが必要《ひつよう》です。

山の上でも

マッキノン峠《とうげ》のトイレ（ニュージーランド）

砂漠《さばく》でも

ウルル周辺《しゅうへん》の砂漠のトイレ（オーストラリア）

世界中どこでも、人がい

もちろん 街《まち》の中でも

景色《けしき》にとけこんだトイレ
（スイス）

とてもかんたんなつくりのトイレ
（オランダ）

ふだんは地面の下にあり、使うときだけ出てくるトイレ（イギリス）

大切なトイレのこと、
もっと考えてみませんか？

～筆者がはたらいている日本トイレ研究所の活動の様子～

うんちと下水道の大切さを学ぶ授業《じゅぎょう》

車いすを使っている人といっしょに行う、トイレの使いやすさなどの調査《ちょうさ》

ちしきのもり

もしも トイレがなかったら

加藤 篤

少年写真新聞社

目次

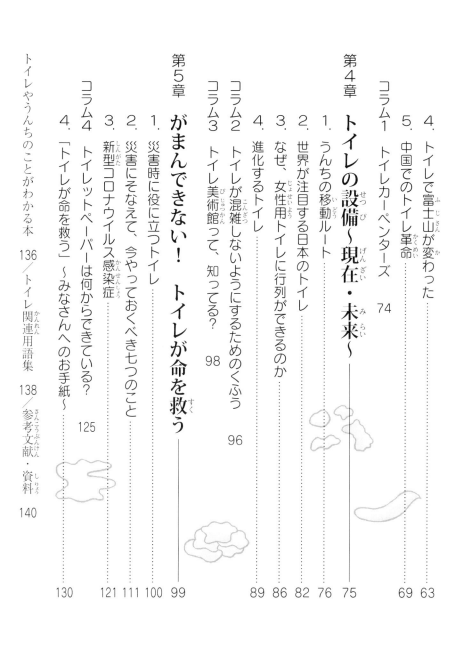

ゲームの中では、トイレがなくてもこまらない

「もしもトイレがなかったら」

そんなことを考えたことがありますか?

たとえば、ゲームの中では、トイレをこわしてもこまらないし、トイレがめちゃくちゃきたなくてもいやじゃないですよね。そもそも、トイレなんてなくたって平気です。だって、ゲームの中のトイレを自分が実際《じっさい》に使うことはないからです。でも、現実《げんじつ》の世界ではそうはいかないですね。

もしも本当にトイレがなかったら、どうしますか?

たとえば、学校で教室にいるときにうんちをしたくなったときのことを考

えてみてください。その場でするわけにはいきません。

「外ですればいい！」と言う人がいるかもしれませんが、雨がふっていたら傘《かさ》をささなければなりませんし、ものすごく寒い日かもしれませんよ。それに、校庭はまわりから丸見えなので、はずかしいです。すな場にあなをほってしますか？　それとも校舎《こうしゃ》のうらの人目につかないところをさがしますか？　どうしようかまよっているうちに、だんだん具合がわるくなると思います。

「外でうんちをすることがはずかしくなくなればいい」と言う人もいるかもしれません。ですが、町中の人がみんな、あちこちでうんちをするようになったら、公園や道路はうんちだらけになってしまいます。くさくなるし、ハエやネズミなどがばい菌《きん》を運び、感染症《かんせんしょう》といわれる病気が広がってしまいます。そんなことになったら大変《たいへん》です。

おなかがすいたとしても、一日ぐらいであれば何も食べなくてもなんとかなりますが、うんちやおしっこを一日中がまんすることはできません。

こんなふうに考えると、トイレは、自分の健康《けんこう》を守るため、そして地域《ちいき》に住むみんなが安心して衛生的《えいせいてき》にくらすために、とても大切だということがわかります。

この本では、大切な「トイレ」について、災害時《さいがいじ》のことや昔のことなどを交えながら、くわしくお話ししたいと思います。

自分だったらどうする？　というふうに、想像力《そうぞうりょく》をはたらかせて読んでみてください。トイレに対する考えが変《か》わると思います。

第1章

もしもトイレがなかったら

1. 災害《さいがい》が起きた地域《ちいき》で見たこと、聞いたこと

トイレの大切さを知ってもらうために、まず、災害時のトイレについてお話ししたいと思います。

みなさんは、「自然《しぜん》災害」と聞いたら何を思いうかべますか?

自然災害には、台風、大雨、大雪、洪水《こうずい》、土砂《どしゃ》災害、地震《じしん》、津波《つなみ》、火山の噴火《ふんか》などがあります。どれも自然の力によって起こるものです。わかりやすく言うと、地面が大きくゆれたり、突然《とつぜん》たくさんの雨がふったり、ものすごく強い風がふいたりすることなどですが、それだけでは災害にはなりません。このような自然の力が原因《げんいん》で、私《わたし》たちの体や私たちがつくったものが被害《ひがい》をうけると、「自然災害」になります。たとえば、地面がゆれて建物《たてもの》がこわれ

てしまうことや、たくさんの雨がふることで川があふれて、家の中に水が入りこむことなどです。

災害はとてもこわいです。だからこそ、災害が起こりそうなときは、できるだけ早く安全な場所ににげることが大切です。自然にたたかいをいどんでも、ぜったいに勝ち目はありません。

命を守ることがいちばん大切なのですが、そのあと、真っ先にこまることは何か、わかりますか？ 飲み水がないことでしょうか？ それとも食べものがたりないことでしょうか？ もちろん、それらもこまりますが、最初《さいしょ》にこまるのは「トイレ」だと、私は思います。

個人差《こじんさ》や体調によるちがいはありますが、私たちは二～三時間に一回くらいトイレに行きます。「災害時はトイレに行きたくならない」なんていうことはありません。それどころか、災害時は具合がわるくなって、おなかをこわすこともあります。ふつうのときであれは、うんちやおしっこをしたくなったら、すぐにトイレに行けばいいですよね。でも、災害時《さいがいじ》はトイレに行くことができなくなってしまいます。

それは、なぜでしょうか？

大きな地震《じしん》で建物《たてもの》がゆれると、電気が止まったり、水道水を運ぶ管《かん》や汚水《おすい》を流す管がこわれたりするからです。つまり、水洗《すいせん》トイレが使えないということです。


二〇一一年に、東日本大震災《だいしんさい》という大きな地震があり、とても広い地域《ちいき》が地震や津波《つなみ》の被害《ひがい》をうけました。そのとき、各地《かくち》にたくさんの避難所《ひなんじょ》ができました。避難所というのは、災害で家にいることが危険《きけん》なときや、家がこわれて住めなくなったときに避難する場所のことです。学校の体育館や公民館《こうみんかん》、コミュニティーセンターなどが避難所になります。

国は、東日本大震災のとき「避難所でどんな施設《しせつ》・設備《せつび》が問題となったか」

を調べました（『東日本大震災における学校等の対応《たいおう》等に関《かん》する調査《ちょうさ》研究報告書《ほうこくしょ》』文部科学省《しょう》、二〇一二年）。その結果《けっか》、もっとも問題となったのは、「トイレ」でした。ちなみに、二番目は「暖房設備《だんぼうせつび》」で、三番目は「給水《きゅうすい》・上水設備（飲み水をつくる設備）」でした。

私《わたし》は、被害があった岩手県や宮城《みやぎ》県、福島《ふくしま》県の避難所に行き、トイレについての話をたくさん聞きました。どの人に聞いても、「トイレはとてもこまった」と言っていました。その中から二つの話を紹介《しょうかい》しますね。

まず一つ目は、小学生の男の子に聞いた話です。この男の子は、「避難所のトイレは、こんでいて使いたくないので、おしっこは外の草むらでして、うんちは、友だちの家に行ったときにトイレをかりてする」と言っていました。避難所では、大勢《おおぜい》の知らない人といっしょに生活することになります。自分の家であれば、家族で一か所か二か所のトイレを使うと思います。でも、避難所《ひなんじょ》にはとてもたくさんの人がいるので、一〇〇人で一か所かもしれないですし、二〇〇人で一か所になるかもしれません。とくに朝や食事のあとは、とても混雑《こんざつ》すると思います。毎日のことなので、これではトイレに行くのがいやになってしまいます。

二つ目は、七〇歳《さい》代の女性《じょせい》に聞いた話です。建物内《たてものない》の水洗《すいせん》トイレが使えないと、校庭や駐車場《ちゅうしゃじょう》などに仮設《かせつ》トイレが置《お》かれます。仮設トイレと

避難所の仮設トイレ

いうのは、右の写真のようなトイレのことで、多くの場合、しゃがんで用をたす和式便器《べんき》です。この女性は、

「トイレの場所が遠いし、雨の日はとても行きづらいです。それに、照明《しょうめい》がないので夜は暗い。ひざがわるいので、和式の便器にしゃがむと立ち上がれません。手すりなどのつかまるものがほしいです」

と言っていました。私《わたし》たちは、建物内にある洋式便器を使うことになれてしまっているので、外のトイレを使うだけでも苦労《くろう》します。とくに、お年寄《としよ》りや障《しょう》がいのある人が、このような仮設トイレを使うことは、とてもむずかしいことなのです。

大人も子どもも、いつもと同じように水洗トイレが使えなくなると、すごくこまります。

2. 避難所《ひなんじょ》の生活はどうなるの？

さて、ここで、災害時《さいがいじ》には私《わたし》たちのくらしがどう変《か》わるのかを、見ておきましょう。災害が起きると、次のようになることが考えられます。

・家がこわれて、そこで生活できなくなる。
↓避難所などでくらすことになる。
・建物《たてもの》がたおれたり、土砂《どしゃ》くずれが起こったりして、道路が使えなくなる。
↓車で物を運ぶことができなくなるので、食べものなどがお店になくなる。
・水道管《すいどうかん》がこわれて、水が出なくなる。
↓おふろに入れないし、水洗《すいせん》トイレも使えなくなる。

・電線が切れて、停電《ていでん》になる。
↓真っ暗になる。テレビがつかなくなる。冷暖房《れいだんぼう》やエレベーターが動かなくなる。
・電話がこみ合って、つながりにくくなる。
↓家族や友だちに連絡《れんらく》できなくなる。

避難所というのは、災害で家にいることが危険《きけん》なときや、家がこわれて住めなくなったときに避難する場所のことでしたね。家に住めなくなったときは、しばらくの間、避難所で生活をすることになります。とても多くの人が避難してくるため、混雑《こんざつ》した状態《じょうたい》になってしまいます。

下の写真では、ダンボールで仕切って、家族ごとに生活するスペースを分けているのがわかります。災害《さいがい》が起きた直後は、何も準備《じゅんび》ができていないので、仕切りもなく、大混乱《だいこんらん》の状態《じょうたい》ですが、しばらくすると役所の人や学校の先生、地元の人が力を合わせて、このように生活する場所を整えます。左のページの写真では、車いすで移動《いどう》しやすいように、広めの通路《つうろ》をつくっています。避難所《ひなんじょ》では赤ちゃんやお年寄《としよ》り、車いすを利用《りよう》する人、外国人など、様々《さまざま》な人といっしょに生活することになるので、それぞれの意見を聞き

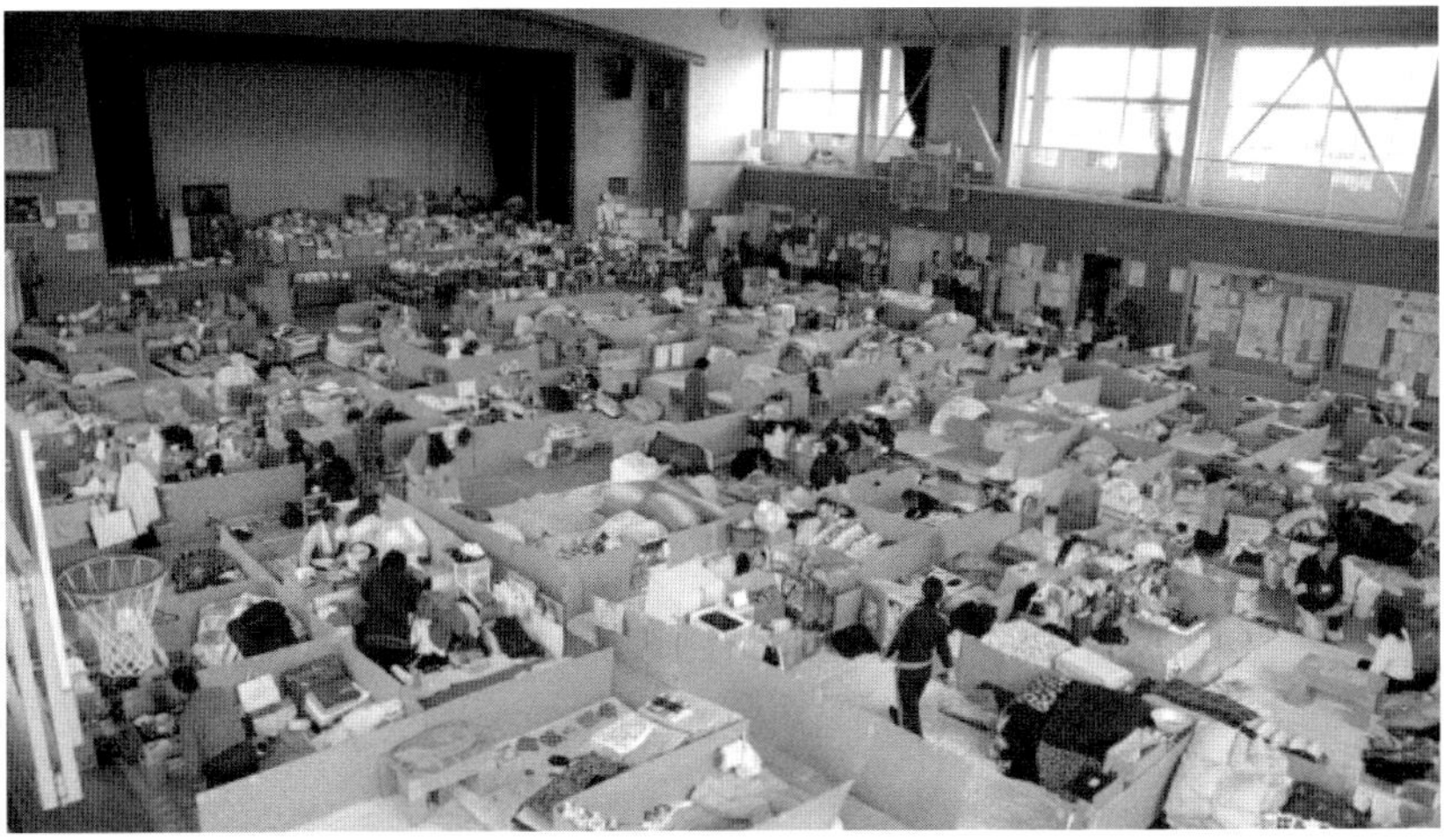

避難所の様子

ながら、みんなが安心して生活できるようにくふうすることが必要《ひつよう》になります。

災害が起きると、水道からは水が出なくなることもあります。多くの人が生活するための食べものもありません。そのため、避難所には、水や食べものなどが遠くからとどけられます。それらをみんなで分け合います。

また、停電《ていでん》で真っ暗になることもあるため、照明《しょうめい》が必要になります。東日本大《だい》震災《しんさい》のときには、ガーデニング用のソーラーライトがとても役に立ちました。これは、宮城《みやぎ》県気仙沼《けせんぬま》市の唐桑《からくわ》中学校の先

車いすでもとおりやすい通路

生に教えてもらったアイデアです。昼間は花だんにさして、太陽光で充《じゅう》電《でん》し、夜になったら必要《ひつよう》なところに持っていって使います。ろうかや階《かい》段《だん》に置《お》けば、移動《いどう》するときに足元が見えるので役立ちます。また、ソーラーライトは、外の仮設《かせつ》トイレに行くまでの道にならべておくと、誘導灯《ゆうどうとう》にもなります。災害時《さいがいじ》は、余震《よしん》などで何度も停電《ていでん》することがあるので、大変便利《たいへんべんり》です。このソーラーライトを、熊《くま》本地震《もとじしん》（二〇一六年）の避難所《ひなんじょ》にプレゼントしたところ、とてもよろこばれました。災害を経験《けいけん》した人の意見はとてもためになるし、現場《げんば》で役に立ちます。もし、被災《ひさい》した経験のある人の話を聞く機会《きかい》があったら、気になることをどんどん質問《しつもん》してみてください。そして、教えてもらったことをぜひ役立

ソーラーライト

てください。

ところで、夜、自宅《じたく》でねるとき、みなさんはベッドでねますか？　それとも床《ゆか》にふとんを敷《し》いてねますか？　自宅では自分の好《す》きなほうをえらべばよいです。これまでの避難所は、16ページの写真を見てわかるとおり、床にふとんを敷いてねることがほとんどでしたが、最近《さいきん》はベッドのほうがよいといわれています。その理由は次の三つです。

一つ目は、お年寄《としよ》りなどの足腰《あしこし》が強くない人は、床から起き上がることや立ち上がることが大変《たいへん》ですが、ベッドだと立ち上がりやすいのです。二つ目は、ほこりの問題です。避難所では、床にねている人の横を多くの人が歩いて移動するので、ほこりがまい上がり、そのほこりをすってしまいがちです。これでは体調をくずしてしまいます。ベッドだと床から高さがあるので、ほこりをすいにくくなります。三つ目は、温度です。とくに冬の体育館はとてもひえます。ふとんだと床《ゆか》からつめたい温度が直接《ちょくせつ》伝《つた》わってくるので、体がひえてしまいます。ベッドであれば、床のつめたさが伝わりにくいです。

このように、災害《さいがい》が起こると、ふだんとは生活が大きく変《か》わることがわかったと思います。その中でも、もっとも大変《たいへん》なことが、「トイレ」なのです。

3．トイレ、どうする？

ここからは、いよいよ災害時のトイレについて考えていくことにしましょう。

みなさんに質問《しつもん》です。

災害時に水洗《すいせん》トイレが使えなくなったら、どうしますか？　自分だったらこうするなあという方法《ほうほう》を、次の四つのうちから一つえらんでください。

①仮設《かせつ》トイレがとどくのを待つ

②がまんする

③その辺《へん》でする

④トイレに流すための水をさがす

① 仮設《かせつ》トイレがとどくのを待つ

② がまんする

③ その辺《へん》でする

④ トイレに流すための水をさがす

どれにするかえらびましたか？

それでは一つずつ解説《かいせつ》していきます。

まずは「①仮設トイレがとどくのを待つ」について。仮設トイレは、どのようにして運ばれてくるか、知っていますか？　仮設トイレは、トラックの荷台《にだい》に積《つ》まれて運ばれます。ということは、道路がとおれるようになっていることが必要《ひつよう》です。もし、建物《たてもの》や電柱がたおれていたり、火災《かさい》が発生していたり、地震《じしん》で道路がデコボコになっていたりしたら、トラックはとおれません。もちろん、津波《つなみ》で道路が浸水《しんすい》していてもダメです。東日本大震災《だいしんさい》で被災《ひさい》した市町村に、避難所《ひなんじょ》に仮設トイレが行きわたるまでに、どのくらいの日数が必要だったのかを聞いたところ、「三日以内《いない》」と答えた市町村は三分の一ぐらいしかありませんでした。「四日〜一四日」は四五パーセントで、「一か月以上かかった」というところもあります（調査当時）名古屋大学エコトピア科学研究所　岡山朋子《おかやまともこ》氏調べ）。使われていない仮設トイレがたくさんあることや、道路がとおれるようになっていることなどが条件《じょうけん》となるため、仮設《かせつ》トイレが運ばれてくるタイミングは、だれにもはっきりとわからないのです。一言でいうと、「予測不能《よそくふのう》」なので、これにたよることはできません。

次は「②がまんする」について。私《わたし》たちは食べることで栄養《えいよう》を吸収《きゅうしゅう》し、不《ふ》要《よう》なものをうんちとおしっこにして体の外に出します（次の章でくわしくお話しします）。そうすることで生きることができる動物です。食べることと出すことはどちらも絶対《ぜったい》に必要《ひつよう》です。ただ、一日ぐらいであれば、何も食べなくても死ぬことはありません。しかし、出すことについては待ったなしです。一日に一回もトイレに行かないなどということはできません。

熊本《くまもと》地震《じしん》で被災《ひさい》した人に、「地震が起きてから何時間後にトイレに行きたくなりましたか？」というアンケートを行ったところ、「三時間以内《いない》」と答えた人が三九パーセントで、「六時間以内」と合わせると七三パーセントにもなりました（大正大学地域創生学部《ちいきそうせい》　岡山朋子《おかやまともこ》氏調べ）。地震が起きてから六時間でできることといえば、まずは「命を守ること」、そして「安全な場所に避難《ひなん》すること」、次に「家族が安全かどうかを確認《かくにん》すること」ぐらいだと思います。こんな大変《たいへん》なときでも、たくさんの人がトイレに行きたくなるのです。

次は「③その辺《へん》でする」について。今すぐにもれてしまいそうなときは、その辺でするしかないと思うのですが、おすすめはできません。なぜなら、停電《ていでん》している場合、夜は真っ暗で危険《きけん》です。雨や雪がふっていることもあります。また、たくさんの人がその辺でうんちやおしっこをすると、とてもくさくなりますし、井戸《いど》がある場合は大切な水がよごれてしまうこともあります。さらには、ハエなどがうんちのばい菌《きん》をあちこちに運ぶので、感染症《かんせんしょう》という病気になる人がふえることも心配されます。

最後《さいご》は「④トイレに流す水をさがす」について。断水《だんすい》で水が出ないのならば、その水をどこかから持ってくればいい、という考え方ですね。では、トイレには、どのくらいの水が必要《ひつよう》なのかを考えてみましょう。うんちをしたときに、ジャーッと一回流すのに使われる水の量《りょう》は何リットルだと思いますか？　毎日トイレを使っていると思うので、そのときのことを思い出してみてください。ちなみに、自動販売機《はんばいき》で売っているペットボトルの水の量は、五〇〇ミリリットル（〇・五リットル）のものが多いです。

では、答えです。日本の家庭用水洗《すいせん》トイレで、一回あたりに流す水の量は、いちばん少ないタイプ（二〇一七年発売）で、三・八リットルです。このタイプだとしても、ペットボトルが七本以上《いじょう》必要になります。あなたの家のトイレが一般的《いっぱんてき》な節水《せっすい》タイプなら、おそらく一回あたりで六リットルぐらいだと思います。小学校のトイレはどうでしょうか？　もし、かなり古いタイプだとしたら、一〇リットル以上使います。つまり、私《わたし》たちが日ごろ使っている水洗トイレは、とてもたくさんの水が必要なのです。

災害時《さいがいじ》は、飲み水を集めることさえ大変《たいへん》です。そんなときに、トイレに流す水をたくさん集めるのはむずかしいと思います。トイレは一日に何回も使うので、家族みんなが必要な量の水を、バケツで運ぶなんてことはとても無理《むり》ですね。水がもったいないからといって、六リットル必要な便器《べんき》に、一リットルしか流さなかったとしたら、うまく流れなかったり、つまったりすると思います。

ペットボトル何本分？

おさらいをしましょう。仮設《かせつ》トイレはすぐに来ないかもしれません。だからといってトイレをずっとがまんしつづけることはできませんし、そんなことをしたら具合が悪くなってしまいます。たくさんの人がいっせいにその辺《へん》でうんちをすると、感染症《かんせんしょう》という病気になることが心配されます。そして、水洗《すいせん》トイレに流す水はとてもたくさん必要《ひつよう》なので、集めるのが大変《たいへん》、ということでした。

これまで、災害《さいがい》が起きたときは、①〜④の方法《ほうほう》でなんとかしようとしてしまい、うまくいきませんでした。水が出ないことに気づかずにトイレを使ってしまうこともありました。してしまったあとに気づいても手おくれです。次の人、またその次の人も、がまんすることはできないので、便器《べんき》はあっという間にうんちとおしっこで満杯《まんぱい》になります。ひさんな状態《じょうたい》です。

こえーっっ
どーしよ～
スカッ スカッ
シーン…

だから私《わたし》は、①～④のどれもおすすめしません。

「じゃあ、どうしたらいいの！」

という声が聞こえてきそうですね。いじわるな質問《しつもん》でごめんなさいね。


あなたにやってほしいことは、ただ一つ。災害用《さいがいよう》トイレをそなえることです。すぐにそなえることがむずかしい場合でも、どのような災害用トイレがあるのかを知っておいてください。災害用トイレについては、第5章でくわしく説明《せつめい》します。

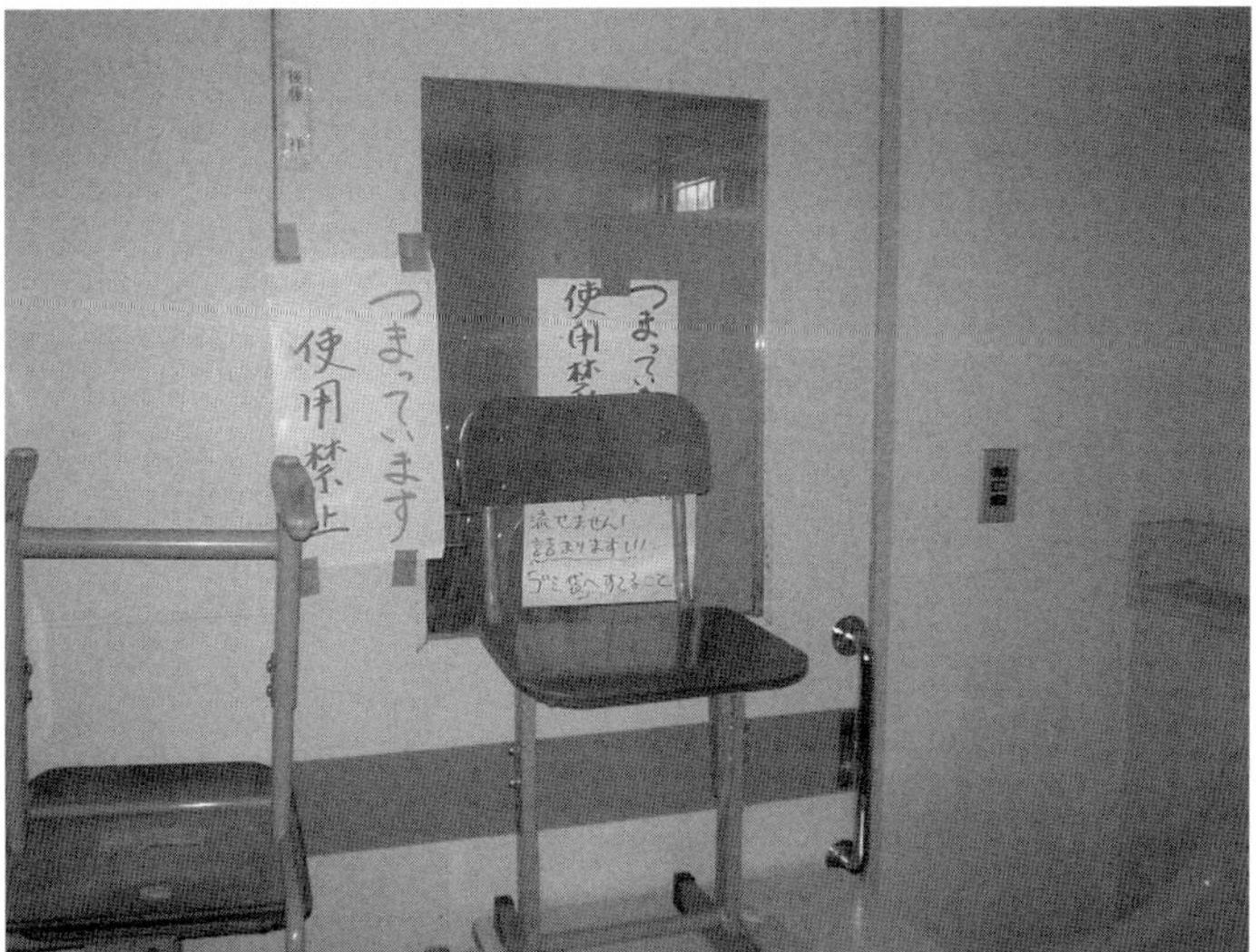

つまって使えなくなったトイレ

第2章

トイレは心と体のセーフティーゾーン

1. うんちの正体

この章では、うんちのことと、みんなが安心して使えるトイレについて考えていきたいと思います。

みなさんは、自分が健康《けんこう》かどうかを、どうやって確認《かくにん》していますか？　元気なときは、健康について意識《いしき》することはないかもしれません。でも、ぎゃくに考えるとわかりやすいですよね。たとえば、頭がいたい、熱《ねつ》がある、せきが出る、気持ちがわるい、おなかがいたいなど、このようなときは、健康ではありません。

実は、体の調子がよいかどうかをわかりやすく教えてくれるサインがあります。それはうんちです。最近《さいきん》のトイレは、自動で流れるタイプもあるので、自分のうんちを見ていないという人も多いかもしれません。でも、それはもったいないことです。ここからは、うんちと健康について考えるために、うんちは何からできているのか、よいうんちとわるいうんちの見分け方について説明《せつめい》していきたいと思います。

まずは、うんちの正体についてですが、一言でいうと「あなたの体にとって不要《ふよう》なもののかたまり」です。これはとても大切なことなので、少していねいに説明しますね。私《わたし》たちは生きるための栄養《えいよう》を食べものからとります。口から食べたものは、胃《い》でドロドロにされたあと、小腸《しょうちょう》で栄養が吸収《きゅうしゅう》され、大腸《だいちょう》では水分が吸収されます。「よくかんで食べましょう」というのは、食べたものをしっかりかみくだいて細かくすることで胃の負担《ふたん》を少なくできるし、かむリズムで食べものをドロドロにとかす役割《やくわり》がある胃液《いえき》が出やすくなったり、腸が動きやすくなったりするからです。腸で体に必要《ひつよう》なものが吸収された結果《けっか》、体にとって不要なものがのこります。この不要なものの中には、食べかすや水分、体にわるさをする菌《きん》などもふくまれます。私《わたし》たちの生活空間には目に見えない小さなウイルスや細菌《さいきん》がたくさんいて、その中にはよい菌もわるい菌もいます。それらはあまりにも小さいので、手洗《てあら》いをちゃんとしていたとしても、たまに鼻や口などから入ってくることがあります。わるい菌などが体に入ってくると、それを吸収《きゅうしゅう》してしまわないように、腸《ちょう》にいる細菌や※免疫細胞《めんえきさいぼう》がたたかいます。うんちの中には、よい菌とわるい菌の両方が取りこまれて体の外に出されます。

よいうんちというのは、体に不要《ふよう》なものがちょうどよいかたさで上手にまとめられて、肛門《こうもん》からスムーズに出やすくされた状態《じょうたい》のうんちのことをいいます。ちなみに、よいうんちの中身は、約《やく》八〇パーセントが水分、のこりの約二〇パーセントが食べかすや腸のかべからはがれたねん膜《まく》、細菌などです。

※免疫：体が持っている、病気にならないようにしたり病気を治《なお》したりする力。
※細胞：生物の体をつくる、きほんの単位《たんい》。

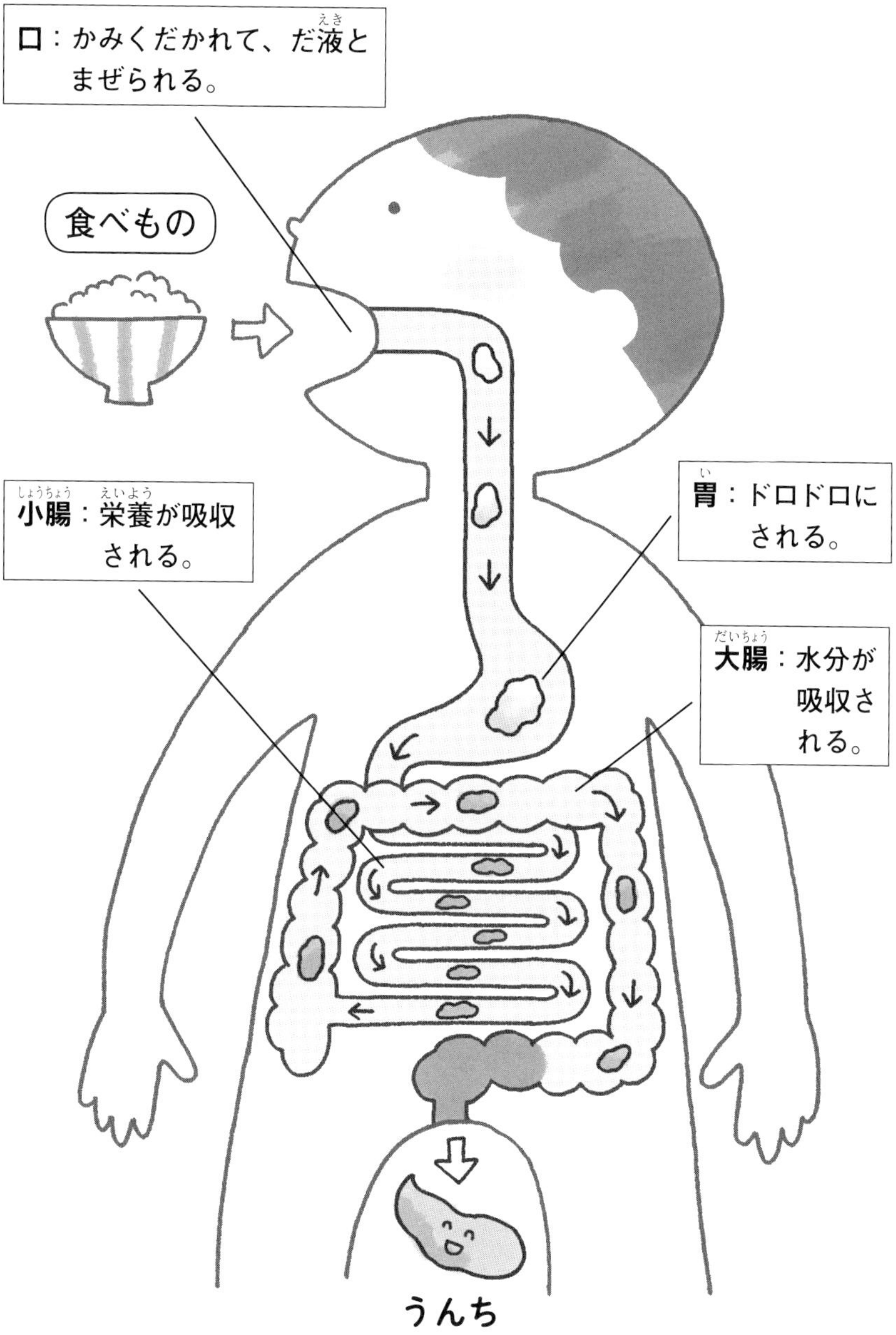
口：かみくだかれて、だ液《えき》と
まぜられる。
食べもの
小腸《しょうちょう》：栄養《えいよう》が吸収
される。
胃《い》：ドロドロに
される。
大腸《だいちょう》：水分が
吸収さ
れる。
うんち

2. うんちは七種類《しゅるい》

よいうんちの見分け方について、もう少し説明《せつめい》します。うんちには、どのような種類のものがあるか、知っていますか？　自分のうんちを思い出しながら、考えてみてください。

実はうんちの形状《けいじょう》に関《かん》する国際的《こくさいてき》な分類《ぶんるい》があります。おどろきですよね。世界でもっとも利用《りよう》されているのは、イギリスのブリストル大学病院で研究していたオドネル博士《はかせ》たちが考案《こうあん》した「ブリストル便《べん》形状スケール（Bristol Stool Form Scale）」です。

この分類では、うんちの形状を七つに分けています。

ブリストル便形状スケール

	**1．ころころうんち** かたくて小さい、ころころうんち。大きさはウサギのふんから親指大くらい。
	**2．ごつごつうんち** ごつごつしたかたまりの、かたいうんち。
	**3．ひびわれうんち** 表面がひびわれたうんち。少しかため。
	**4．なめらかバナナうんち** いきまずらくに出せて、おなかもすっきりする健康《けんこう》なうんち。
	**5．やわやわうんち** やわらかくて、はしっこの切れた、すぐにくずれそうな形のうんち。
	**6．どろどろうんち** 水分が多くて形がくずれた、どろのようなうんち。
	**7．しゃばしゃばうんち** 水分が多すぎて水みたいな、しゃばしゃばなうんち。

出典：O' Donnell LJ, Virjee J, Heaton KW "Detection of pseudodiarrhoea by simple clinical assessment of intestinal transit rate." *British Medical Journal* ; 300：439-440,1990より引用して日本トイレ研究所が作成したものです。

もっともよいうんちは、４番です。しっかりおぼえておいてくださいね。１番に近づくほど、カチカチ・コロコロになります。便秘《べんぴ》のうんちです。一方で、７番に近づくほど、どんどんやわらかくなり、下痢《げり》になります。

４番のうんちが出たときは、あまりくさくないし、色は黄色っぽい茶色だと思います。よいうんちが出るということは、先ほど説明《せつめい》したとおり、体の中の不要《ふよう》なものが上手に出せているということです。この分類《ぶんるい》は日本のお医者さんも使っています。おうちの人に「うんちは何種類《なんしゅるい》に分けられると思う?」という質問《しつもん》を、ぜひしてみてください。

3．「すっきり」はどこからやって来るのか

よいうんちが出たときのサインとして、とても重要《じゅうよう》なことがあります。それは「すっきり」するということです。

うんちは、大腸《だいちょう》でつくられます。水分はおもに大腸で吸収《きゅうしゅう》されるので、大腸の入り口あたりでは、まだドロドロの状態《じょうたい》です。そこからじょじょに水分が吸収され、体に不要なものがこねられながら大腸の中を移動《いどう》していきます。そして、おなかの左下に到着《とうちゃく》したあたりで、うんちができあがります。「うんちをする準備完了《じゅんびかんりょう》！」という状態です。

では、うんちがしたくなるのはいつごろが多いでしょうか？

「そういえば、ごはんを食べたあと、しばらくしてからうんちをしたくなる

「ことが多いなあ」と思った人、するどいです。私《わたし》たちの体は、胃《い》にたくさんの食べものが送りこまれると、それに反応《はんのう》して腸《ちょう》がふだんより大きく動いてうんちをおし出そうとします。とくに朝ごはんをよくかんでモリモリ食べると、この反応が起きやすくなります。腸がぐぐぅっと動くと、おなかの左下あたりにスタンバイしていたうんちが肛門《こうもん》のすぐ手前にある部分（この部分を直腸といいます）におし出されます。ふだんは、からっぽの直腸にうんちが送りこまれると、脳《のう》に「うんちしたいよ！」という信号《しんごう》が送られて「便《べん》意《い》」を感じます。

この信号が来たら、できるだけはやくトイレに行ってほしいのです。直腸に送りこまれたうんちをするっと全部出せたとき、脳は「すっきり！」と感じます。「すっきり」しないときは、うんちがうまく出しきれていない可能《かのう》性《せい》があります。らくに出せて「すっきり」と感じることがとても大切です。毎朝、うんちが出ていたとしても「すっきり」しないのであれば、心配です。

反対に、二日に一回しか出ていなくても、毎回「すっきり」しているのであれば、それはきっといいうんちです。

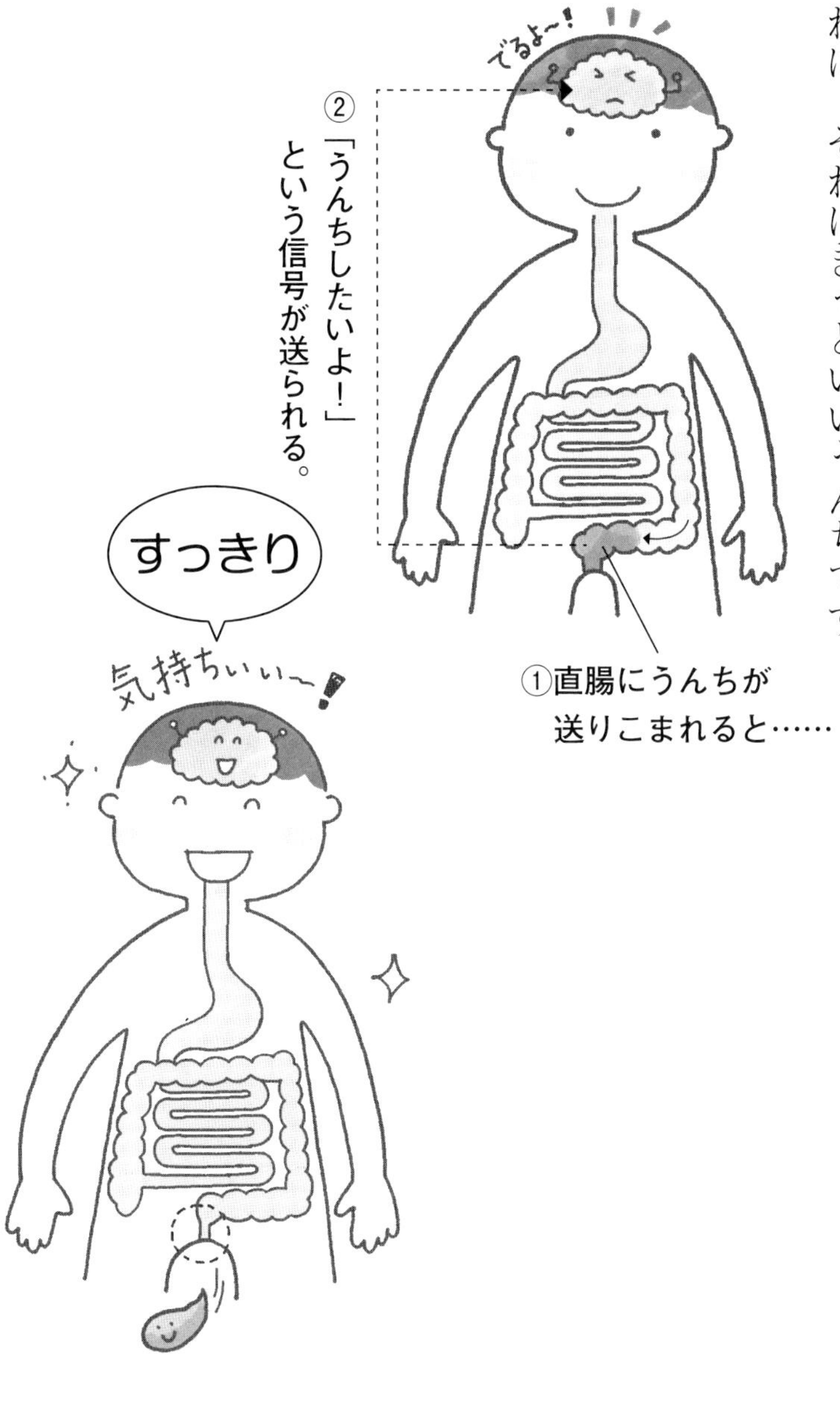
でるよ〜!
②「うんちしたいよ!」という信号が送られる。
①直腸にうんちが送りこまれると……
すっきり
気持ちいい〜!

もう一つ知っておいてほしいことがあります。それは、「がまんはダメ」ということです。せっかく「うんちしたいよ！」という便意《べんい》を感じているのにがまんすると、体に不要《ふよう》なものを外に出せなくなってしまうので、体調がわるくなります。腸《ちょう》にうんちをためておくと水分がどんどん失《うしな》われて、かたくなってしまいます。すると、うんちをするときにおしりがいたくなります。

さらにがまんをくりかえすと、今度は「うんちしたいよ！」という便意を感じにくくなってしまいます。便意を感じなくなってしまったら大変《たいへん》です。腸にどんどんうんちがたまって、ひどい便秘《べんぴ》になったり、病気になったりします。ですから、便意を感じたら、がまんせずにトイレに行ってください。体からの合図をキャッチすることはとても大切です。

4. トイレに必要《ひつよう》なのは「安心」

ところで、自分にとって居心地《いごこち》のよいトイレとはどのようなものなのか、考えたことはありますか?

私《わたし》は、トイレにもっとも大切なことは「安心」だと思います。うんちやおしっこをすることは、生きていくために欠《か》かせないことです。うんちやおしっこをすることを「排泄《はいせつ》」といいます。排泄は、体がリラックスしているときにはたらく神経《しんけい》が担当《たんとう》しています。ですから、ものすごくきんちょうしていたり、あわてていたりするときは、うんちをしたくなりにくいのです。動物であれば、敵《てき》にねらわれているようなときにうんちをしたくなったら危険《きけん》だからです。うんちをしたくなるタイミングをよく思い出してみてください。ごはんを食べたあとにくつろいでいるときや、マンガを読んでのんびりしているときなどに、トイレに行きたくなりませんか？

どんな環境《かんきょう》を「安心」と感じるかは、一人ひとりちがいます。静《しず》かなところでないと安心できない人もいれば、多少さわがしいほうが落ち着くという人もいます。どのようなトイレだと安心できるのか、みんなに意見を聞いてみるといいですね。

5．トイレはみんなのもの

トイレには「安心」が必要《ひつよう》であること、そして、その「安心」は一人ひとりちがうということをお話ししました。では、学校のトイレや駅のトイレ、公園のトイレなど、みんなで使うトイレの「安心」は、どのようにつくればよいのでしょうか？　ここからは、みんなで使うトイレについて考えてみたいと思います。

まず、「みんな」とは、どのような人のことでしょうか？

子ども、大人、お年寄《としよ》り、車いすを使う人、視覚障《しかくしょう》がいがある人、オストメイト（病気や事故《じこ》などが原因《げんいん》で、人工肛門《こうもん》や人工ぼうこうを使っている人のこと）、ベビーカーを使う人、外国人など、様々《さまざま》な人がいますね。みんなで使うトイレは、すべての人にとって使いやすいものである必要《ひつよう》があります。

ここで大切になってくるのは、それぞれの人の意見をよく聞くことです。たとえば、お年寄《としよ》りは目が見えにくくなるので、流すボタンなどが大きいほうがよいです。車いすを使用している人は、車いすで入れる広さが必要です。視覚障《しかくしょう》がい者は、流すボタンやトイレットペーパーの位置《いち》がわかりやすいことが必要です。ベビーカーを使う人は、ベビーカーといっしょに入れることが望《のぞ》ましいでしょう。外国人にとっては日本語の説明《せつめい》だけではわかりにくいです。

さて、もう気づいた人もいると思いますが、これらの中には、〈広さ〉や〈わかりやすさ〉など、共通《きょうつう》のポイントがあります。それらを先に解決《かいけつ》することがよいと思います。

しかし、それ以外《いがい》はほうっておいていい、という意味ではありません。大きな音や強い光が苦手な人もいますし、オストメイトのように専用《せんよう》の設備《せつび》が必要な人もいます。また、娘《むすめ》さんがおじいちゃんを介助《かいじょ》している場合もあれば、息子さんがおばあちゃんを介助している場合、心と体の性別《せいべつ》がちがう人もいます。このような人たちにとっては、性別に関係《かんけい》なく自由に入れるトイレが必要です。

車いすの人も使いやすい広さのトイレ

このような、だれもが使いやすいトイレにするための設備《せつび》は、みなさんが変《か》えていくのはむずかしいかもしれません。しかし、トイレを気持ちよく使うために、みなさんにもできることがあります。それは、マナーを守ることです。ここでは、すぐにできる三つのマナーを紹介《しょうかい》します。

まず一つ目。それは床《ゆか》をよごさないことです。小便器《しょうべんき》や和式便器を使うときはなるべく便器に近づいて、おしっこが外にはねないようにしましょう。もちろん、うんちもはみ出してはダメですよ。もしはみ出してしまったら、すぐにそうじをしてください。車いすを使っている人は、床がよごれていると、車輪《しゃりん》についたよごれがグルッと回って手のほうにきて、手やそでがよごれてしまいます。また、介助犬《かいじょけん》といっしょに行動している場合、人がトイレを使っている間、介助犬はふせをして待つことになります。大切なパートナーである介助犬がよごれた床で待つことになるのはかわいそうですよね。

べちゃ

モワァ〜

二つ目は、手洗《てあら》い器《き》のまわりを水でよごさないことです。手を洗う理由は、手についたウイルスやばい菌《きん》を洗い流したり、わるさをする力をなくさせたりするためです。水があちこちにとびはねているということは、ウイルスやばい菌もとびはねていることになります。そんなのいやですよね。また、手洗い器のまわりが水びたしだと、身長の低《ひく》い子どもや車いすを使用している人は、そでが水でぬれて

水びたしにしないで！

しまいます。それに、手洗い器の横に荷物《にもつ》を置《お》きたくても、びしょびしょだと置けません。手はゆっくりとていねいに洗って、水がとびちらないようにしてください。

三つ目は、ドアについてです。使用中は、かぎをかけるのをわすれないようにしましょう。ほかの人が、うっかり開けてしまうと、使っている人も開けてしまった人も、気まずい思いをします。また、車いすの人などが使用するボタンでドアを開閉《かいへい》するトイレを使ったときは、使用後にトイレの外側《そとがわ》についている「閉」ボタンをおして閉《し》めてください。トイレの内側《うちがわ》にある「閉」ボタンをおして外に出てしまうと、そのトイレは「使用中」と表示《ひょうじ》されてしまいます。すると、次にトイレに来た人は、だれも使っていないのに、ずっと待つことになります。実は、このようなことが意外に多いのです。

うんちは、健康《けんこう》のバロメーターです。健康のためには、毎日、安心して、すっきりと、よいうんちを出すことが大切で、そのためには、トイレの環境《かんきょう》がとても重要《じゅうよう》です。とくに、大勢《おおぜい》の人が使うトイレでは、だれにとっても使いやすい設備《せつび》を整えることはもちろんですが、一人ひとりが次にトイレを使う人のことを考えて、ちょっとした気くばりをすることが必要《ひつよう》です。学校や公園などのトイレを使うときは、ぜひ、そのことを思い出してください。

第3章

世界はトイレで回っている

1. 実は進んでいた江戸《えど》のトイレ

第3章では、トイレにまつわる歴史《れきし》にふれてみたいと思います。

今から約《やく》四〇〇年前の日本は、江戸時代（一六〇三ー一八六八年）でした。徳川家康《とくがわいえやす》が征夷大将軍《せいいたいしょうぐん》に任《にん》じられて、江戸（今の東京の中央部）に幕府《ばくふ》を開いて始まった時代です。江戸時代と、令和《れいわ》の現代《げんだい》では、私《わたし》たちの価値観《かちかん》が大きくちがうことがあります。その一つがトイレです。今、私たちのうんちやおしっこは、いらないものとして水洗《すいせん》トイレに流されます（一部、資源《しげん》として利用《りよう》されています）。ところが、江戸時代は、うんちやおしっこが大人気だったのです。それはどういうことなのかを説明《せつめい》します。

多い時期で、江戸には一〇〇万人以上《いじょう》もの人が生活していました。そのため、農家はたくさんの野菜《やさい》をつくらなければなりませんでした。しかし、このころは、化学肥料《ひりょう》はありません。そこで、野菜をたくさん育てるための肥料として、うんちやおしっこを使っていたのです。農家の人は自分の家のうんちやおしっこだけではたりないので、江戸の町にうんちやおしっこを買いにいきました。そのため、江戸の人はうんちやおしっこをその辺《へん》にすてずに、しっかりためておき、売っていたのです。だから、江戸の町はとてもせいけつだったのです。

ちなみに、家の台所から出るよごれた水や雨水はみぞをほって川へ流れるようにし、家から出るごみは町ごとに集めて船《ふね》で運ぶようになっていました。たくさんの人が集まる町にもかかわらず、江戸がせいけつに保《たも》たれていたのはこのような仕組みがあったからです。

しょ〜べん
ありませんか〜
ゆっさ
ゆっさ
ゆっさ

2. 窓《まど》からうんちをすてる？

一方、江戸《えど》時代と同じころのヨーロッパでは、うんちやおしっこはどうしていたのでしょうか？

イギリスのロンドンでは、レンガや砂利《じゃり》などでかためられていない道も多く、その道の真ん中を雨水や下水が流れるようになっていました。さらには、道にごみもすてていました。そのため、ごみがくさってくさくなり、夜はネズミが食べものをさがすためにごみをあさっていました。もっと昔には、「おまる」という容器《ようき》にしたうんちやおしっこを窓からすてる習慣《しゅうかん》もあったので、その習慣がつづいていた地域《ちいき》は町がとてもよごれていました。フランスのパリでは、教会や市場、道路などの公共《こうきょう》の場に、うんちやおしっこの山ができ、こまりごとになっていたのです。

このように町が不衛生《ふえいせい》だと、多くの人の死につながる感染症《かんせんしょう》が流行します。江戸《えど》時代が始まった一七世紀《せいき》はじめ、ロンドン（当時の人口は一七〜一八万人といわれています）では、ペストという感染症によって約《やく》三万人もの人が亡《な》くなりました。その後もペスト菌《きん》による感染症は、何度もロンドンをおそいます。また、一九世紀はじめからは、数回にわたってコレラという感染症も流行しました。

当時は、これらの病気の原因《げんいん》がわかっていませんでした。どうして病気になるのか、どうやったら病気になる人をへらせるのか、どうやったら治《なお》すことができるのかもわかりませんでした。わからないことがたくさんあると、人は不安になり、まちがった行動や行きすぎた決断《けつだん》をしてしまうことがあります。ペストが流行したころのロンドンでは、イヌやネコがペスト菌を運ぶと考えられ、たくさんのイヌやネコが殺《ころ》されてしまいました。さらに、コレラのときは、危険《きけん》な薬をたくさん飲ませたり、体の血をたくさんぬいたりするという、まちがった治療《ちりょう》も行われました。

ロンドンでコレラが広がった原因《げんいん》は様々《さまざま》なものがあると考えられていますが、その一つは井戸《いど》でした。この井戸は、地域《ちいき》の人たちが水をくみにくる大切な場所で、集まってきた人が楽しく話をする拠点《きょてん》にもなっていました。しかし、井戸の水は、テムズ川という街中《まちじゅう》のよごれた水（水洗《すいせん》トイレから流れるうんちもふくまれます）が流れこむ川からとった水でした。コレラという感染症《かんせんしょう》を起こす菌《きん》は、このよごれた水にふくまれていたのです。

このことから、下水などの処理方法《しょりほうほう》を整え、環境《かんきょう》をせいけつにすることが、私《わたし》たちの健康《けんこう》を保《たも》つためにはとても重要《じゅうよう》であることがわかると思います。

3. 見えないものとのたたかい

江戸《えど》がせいけつであったことは前に書いたとおりですが、現代《げんだい》までずっとその仕組みがうまくいっていたわけではありません。江戸時代の後半から明《めい》治《じ》時代にかけては、それまでのせいけつさを保《たも》つことができなくなっていました。その理由として、急に人口がふえたことが考えられます。

このようなときに、日本にも海外からコレラが入ってきました。ペストもコレラも、今ではきちんと治療《ちりょう》すれば治《なお》る病気ですが、このときはそうではありませんでした。コレラ菌に感染すると、はげしい下痢《げり》になります。吐《は》くこともあります。これらをくりかえすことで、体の水分がなくなり死んでしまうおそろしい病気です。ヨーロッパで流行したときと同じように、日本でも見えないものへの不安《ふあん》がつのり、さわぎが大きくなりました。たとえば、バケモノのせいだとか、キツネから病気がうつるからキツネを退治《たいじ》しようなど、様々《さまざま》なうわさが出たようです。

日本もヨーロッパも、このような感染症《かんせんしょう》にくりかえしなやまされながら、安全な飲み水を手に入れる方法《ほうほう》や、うんちやおしっこがふくまれているよごれた水をきれいにする方法を考え出してきました。

日本で、はじめて下水道がつくられたのは東京で、一八八四年のことです。その後、数か所の都市で下水道がつくられました。下水道が本格的《ほんかくてき》に全国に広まるのは、第二次世界大戦《たいせん》よりあとのことです。

4. トイレで富士山《ふじさん》が変《か》わった

トイレが変わると、そのトイレがある施設《しせつ》や地域《ちいき》、そのトイレを利用《りよう》する人の生活などが変わっていきます。私《わたし》は、そんな事例《じれい》をいくつも知っていきます。ここでは、富士山の例を紹介《しょうかい》します。

富士山といえば日本でいちばん高い山です。「フジヤマ」とよばれて、多くの外国人にも知られている、日本を代表する山です。

富士山には、毎年何人が登っているかを知っていますか？　富士山はきびしい自然環境《しぜんかんきょう》のため、一般《いっぱん》の人が登山できるのは、七月上旬《じょうじゅん》~九月上旬の間にかぎられています。そのため、「毎年」といっても、実際《じっさい》は二か月間の登山者数になりますが、二〇一九年の開山日（吉田《よしだ》ルートは七月一日）から九月一〇日までの登山者数の合計は、約《やく》二三万六〇〇〇人でした（環境省関東地《かんきょうしょうかんとう》方環境事務所《じむしょ》のホームページより）。

　富士山頂《ふじさんちょう》まで登って帰ってくるには、長い時間がかかります。標高《ひょうこう》が高いので、急いで登ると高山病になってしまうことがあるため、時間をかけて登ります。もっとも登山者の数が多い吉田口《よしだぐち》から登った場合、山頂までに六時間以上《いじょう》はかかります。そのため、一泊《いっぱく》二日で登山を計画する人も少なくありません。ということは、途中《とちゅう》で休憩《きゅうけい》する場所はもちろんのこと、泊《と》まるところが必要《ひつよう》で、そこにトイレが必要になります。

　実は、二〇〇〇年ごろまでの富士山のトイレは、ほとんどがたれ流しだったのです。どういう仕組みかというと、水を使わないボットン式のトイレで、うんちやおしっこをトイレの下にあるタンクにためておきます。そして、人々《ひとびと》が登らなくなった九月ごろに、山の斜面《しゃめん》に向《む》かってタンクにたまったうんちやおしっこ、そしてトイレットペーパーをドバーッと流していたのです。

日本を代表する山・富士山

うんちやおしっこは、富士山《ふじさん》の岩盤《がんばん》にしみこんでいきますが、トイレットペーパーやごみは山の斜面《しゃめん》にこびりついてしまいます。衛生的《えいせいてき》にも、さらにはイメージもよくない状況《じょうきょう》でした。

どうしてこうなっていたかというと、まず、富士山には下水道がありません。水道も電気もありません。さらには、雷《かみなり》がよく落ちる、風がものすごく強い、落石やなだれがある、気温が低《ひく》いのでこおってしまうなど、とてもきびしい自然条件《しぜんじょうけん》が重なっているので、街中《まちなか》のように水洗《すいせん》トイレをつくることができなかったのです。

しかし、このままでは、世界にほこる富士山として胸《むね》をはることができません。そこで、一九九六年ごろ、富士山のトイレ問題を解決《かいけつ》するため、山小屋関係者《かんけいしゃ》、役所の人、研究者、企業《きぎょう》が力を合わせて取り組むことになりました。そして、二〇〇六年には、富士山のすべてのトイレが、環境のことを考えたものに改善《かいぜん》されたのです。

一度流した洗浄水《せんじょうすい》をもう一度きれいにして再《ふたた》び洗浄水として利用《りよう》するタイプ、うんちやおしっこをバーナーでもやして灰《はい》にするタイプ、うんちとおしっこを分けて、うんちはそばがらなどとまぜ合わせることで分解《ぶんかい》し、おしっこは別《べつ》のタンクにためてふもとの町まで下ろすタイプなど、様々《さまざま》な技術《ぎじゅつ》を使ったトイレが採用《さいよう》されました。このような、その場で処理《しょり》するタイプのトイレを「自己《じこ》処理型《がた》トイレ」といいます。富士山に登ることがあったら、ぜひトイレや環境のことを考えながら使ってみてください。

富士山は、トイレが改善されたこともえいきょうして、二〇一三年には「世界文化遺産《いさん》」に登録《とうろく》されました。国内外からの注目度もさらにましたのではないでしょうか。

写真提供：大央電設工業株式会社

生まれ変《か》わった富士山《ふじさん》のトイレ

5. 中国でのトイレ革命《かくめい》

二〇一五年、中国の習近平《しゅうきんぺい》国家主席《しゅせき》は、「中国トイレ革命」を発表しました。これは、市民の健康《けんこう》や生活の質《しつ》を高めるために、農村を中心に、せいけつなトイレを広めることを目指す運動です。国をあげて「トイレをよくしていこう!」と宣言《せんげん》することは、とてもよいことだと思います。

というのも、世界には、トイレを使えない人が約《やく》二〇億人《おくにん》（ユニセフ・世界保《ほ》健機関調《けんきかん》べ）もいるからです。トイレがない人は、草むらでうんちやおしっこをするか、バケツやビニール袋《ぶくろ》にして、それを外にすてるしかないのです。うんちには体にわるさをする細菌《さいきん》がふくまれているので、その辺《へん》にうんちをしてしまうと、わるい菌が飲み水に入ることが考えられます。また、手や足にくっつき、その手で食事をしたり、目や口をさわったりすることで、わるい菌《きん》が体の中に入ることもあります。体力のある大人であれば、下痢《げり》になるだけですむかもしれませんが、免疫力《めんえきりょく》の弱い子どもにとって、下痢はとても危険《きけん》です。世界では、一日に八〇〇人以上《いじょう》の子どもたちが下痢によって命を落としているのです。

話を中国にもどすと、私《わたし》はこれまで、上海《シャンハイ》、義烏《ギウ》、西安《セイアン》など、中国各地《かくち》で行われたトイレ革命《かくめい》の会議《かいぎ》に参加《さんか》してきました。これらの会議での、政府《せいふ》や関係者《かんけいしゃ》の言葉の中で、印象的《いんしょうてき》なものを三つ紹介《しょうかい》します。

「トイレは、人、町、国の文明度を知る重要《じゅうよう》なめじるしである」

「トイレは、街角《まちかど》にある小さなものであるが、国のイメージにかかわる」

「トイレ革命は、観光《かんこう》革命であり、市民の生活をよくすることにつながる」

世界中から観光客をよびたい日本でも、しっかり意識《いしき》しなければならないことだと感じました。

中国の農村には、水不足の地域《ちいき》も多いため、節水《せっすい》タイプのトイレや水を使わないトイレ、うんちやおしっこを資源《しげん》にする技術《ぎじゅつ》などがもとめられています。二〇一九年三月、日本に「中国トイレ革命交流団《こうりゅうだん》」がやって来ました。メンバーのほとんどは、農村地域のトイレをよくすることを任《まか》された人たちです。私は、日本トイレ研究所（トイレを通じて社会をよりよい方向《ほうこう》へと変《か》えてゆくことを目的《もくてき》とする団体です）の代表として会

外務省《がいむしょう》での中国のトイレ革命交流団との会議の様子

議に参加し、日本のトイレの取り組みについて発表しました。

中国のメンバーは、農村の家庭用トイレをよくしていくために必要《ひつよう》なこととして、次の三つをあげました。

1.「トイレをよくすることが、健康《けんこう》や環境《かんきょう》をよくすることにつながる」ということを、人々《ひとびと》に広める。

2.農村の人が自分たちでトイレをよくしたいと思えるようにする。

3.トイレをよくするために必要な技術《ぎじゅつ》をえらべるようにする。

日本のトイレ環境は、この数十年間でおどろくほどよくなりました。ここでいう「トイレ環境」とは、便器《べんき》の設備《せつび》だけではなく、トイレの広さ、空調（空気の入れかえや温度調節《ちょうせつ》のこと）、給水《きゅうすい》・排水《はいすい》の設備、清掃《せいそう》、さらにはよごれた水の処理《しょり》もふくめた全体のことを指します。

せいけつで安心できるトイレをつくるには、技術やお金が必要なのはもちろんですが、いちばん大事なのは、トイレをつくる人、使う人、そうじをする人が、同じ思いを持つことです。きれいなトイレを保《たも》とうという気持ちをみんなで共有《きょうゆう》し、協力《きょうりょく》することが大切です。これは、かんたんなようでとてもむずかしいことです。一人ひとりが、トイレが大切だということを理解《りかい》して、それを実行しつづけないと実現《じつげん》できないからです。

中国は、日本が歩んできた道のりを一〇倍、いやもっと速いスピードで実現しようとしているのかもしれません。そして、中国でのトイレ革命《かくめい》という挑戦《ちょうせん》は、アフリカやインドでトイレがなくてこまっている人たちにも、よいえいきょうをあたえると思います。

日本には、せいけつで安心できるトイレをつくる知識《ちしき》や技術、教育、衛生《えいせい》習慣《しゅうかん》などがあります。私《わたし》は、これらを活《い》かして、世界のトイレをよくすることに貢献《こうけん》していきたいと考えています。

コラム1

トイレカーペンターズ※

「トイレカーペンターズ」というのは、トイレを快適《かいてき》で楽しい空間にするために、子どもと大人が力を合わせてトイレを変身《へんしん》させる活動です。

これまでに、宮城《みやぎ》県気仙沼《けせんぬま》市と群馬《ぐんま》県高《たか》崎《さき》市の小学校のトイレ、埼玉《さいたま》県の公園のトイレ、東京都東大和《やまと》市の公衆《こうしゅう》トイレなどで、活動しました。

どのようなことをするのかというと、まず、トイレをそうじしてきれいにします。その次は、トイレのとびらにペンキをぬったり、かべにマスキングテープなどでデコレーションしたり、絵をかざったりします。

みんなで相談《そうだん》しながらトイレを変《か》えていくのは、とても楽しいですし、でき上がったトイレは、とても居心地《いごこち》がよいものになりますよ。

※カーペンター（carpenter）：英語で、大工という意味。

第4章

トイレの設備《せつび》〜現在《げんざい》・未来《みらい》〜

1．うんちの移動《いどう》ルート

うんちには、人を病気にする菌《きん》やウイルスがふくまれていることがあります。そのため、あちこちにすててしまうと、町が不衛生《ふえいせい》になり、病気が広がることは、すでに説明《せつめい》したとおりです。私《わたし》たちが病気にならないようにするためには、きちんとトイレを使い、せいけつに保《たも》つことが大事になります。

ところで、家の便器《べんき》から流されたうんちの行き先を知っていますか？　大きく分けると三つのルートがあります。一つ目は、道路の下にうめられている下水道をとおって下水処理施設《しょりしせつ》に流れていくルートです。二つ目は、敷地《しきち》内《ない》の地下にうめられている浄化槽《じょうかそう》で処理されるルート。三つ目は、地下にうめられている便槽《べんそう》にためて、バキュームカーで運び出すルートです。

ここでみなさんに知ってもらいたいのは、うんちが、建物内《たてものない》で、どのように移動しているかについてです。なぜ、知っておいてほしいのかというと、災害《さいがい》で断水《だんすい》になったときや、大雨で道路に水があふれているときなどに、無理《むり》にトイレを使うと、トラブルが起きる原因《げんいん》がわかるからです。

文章だけではわかりにくいので、次のページの図を見ながら読んでください。便器から流されたうんちは管《かん》の中を横に流れていき、今度は真下に流れる管につながります。これを専門的《せんもんてき》には「排水立て管《はいすいたかん》」といいます。立て管をとおって一階の床下《ゆかした》ぐらいまで落ちていきます。そこで、ふたたび横の管につながって移動し、建物の外に出ます。建物の外といっても、地下なので見ることはできません。一階の床下の横の管のことを「排水横管」といいます。横管がつながる先が、下水道もしくは浄化槽になります。ちなみに、建物外に出た横管から下水道もしくは浄化槽にたどり着くまでには、「排水ます※」とよばれる点検口《てんけんこう》がいくつかあります。排水ますには、「汚水《おすい》ます」と

「雨水ます」などがあり、このうち、うんちが流れている排水管《はいすいかん》の点検口《てんけんこう》は「汚水《おすい》ます」です。

※排水ます：排水管をそうじ・点検するための設備《せつび》。

※図はイメージです。

うんちが移動《いどう》するルートのイメージはできましたか？　多くの場合、それぞれの建物《たてもの》には、排水管《はいすいかん》がどのように取りつけられているかを示《しめ》す図面があります。むずかしい図面なので、もし見る機会《きかい》があったら、大人といっしょに確認《かくにん》してみてください。便器《べんき》から下水道までのうんちの移動ルートを事前に確認しておけば、災害《さいがい》のときに役立ちます。災害時はそのルートにそって外からの見た目をチェックし、いつもと異《こと》なる状態《じょうたい》になっていれば、それは「こわれている」ということになります。

たとえば、かたいものが落ちてきて便器がわれていたり、大きなゆれで便器のうしろ側《がわ》にある排水管がはずれていたりする場合は、水洗《すいせん》トイレは使用できません。そのような場合は、携帯《けいたい》トイレ（第5章参照《さんしょう》）などを使いましょう。

また、地震《じしん》のあと、マンホールが地上にとび出していることがあります。そのようなときには、その下にある下水道も地震のえいきょうをうけていますので、水洗トイレを使うことはできません。汚水《おすい》ます周辺《しゅうへん》の地面がデコボコになったり、大きな段差《だんさ》ができていたりするときも、排水管がこわれている可能性《かのうせい》があるため、水洗トイレは使わないようにしましょう。また、大雨などのときで、便器の底《そこ》にたまっている水からボコボコとくりかえし空気が出たり、水がはね出すようなことがあるときは、汚水が逆流《ぎゃくりゅう》することが考えられます。このような場合も水洗トイレは使わないほうがよいです。

このように、災害時にはまず、うんちの移動ルート上に異常《いじょう》がないかどうかを確認しましょう。異常があるにもかかわらず、トイレを使って無理に流してしまうと、つながっている排水管のどこかから、汚水があふれてしまいます。そんなことになったら大変《たいへん》ですね。だからこそ、大雨で道路に水があふれているときや地震直後は携帯トイレを取りつけて使用してください。その後、設備《せつび》に問題がないことがわかれば、水洗トイレを使うことができます。もちろん、下水処理施設《しょりしせつ》がこわれている場合は、水を流してはいけません。

2. 世界が注目する日本のトイレ

トイレはすべての人が使います。ときには、急いで用をたして、はみ出してしまったり、体調がわるくてよごしてしまったりすることもあるかもしれません。また、おさない子どもは上手に使えないこともあります。トイレはとてもよごれやすい場所なのです。しかも、よごれたままにしておくとくさくなり、気持ちのわるい場所になってしまいます。

ところで、世界中のたくさんの人が利用《りよう》する羽田空港旅客《りょかく》ターミナルは、イギリスのＳＫＹＴＲＡＸ《スカイトラックス》社が実施《じっし》する国際《こくさい》空港評価《ひょうか》において、空港のせいけつさなどの部門で、五年連続《れんぞく》世界第一位《い》を獲得《かくとく》しています（二〇一六ー二〇二〇年）。

五年連続世界一というのはものすごい記録《きろく》です。世界一せいけつな空港のトイレには、どのようなくふうがされているのか気になりますよね？　全自動おそうじロボットがいるのでしょうか、それとも、よごれがつかないひみつの素材《そざい》を使っているのでしょうか。何か特別《とくべつ》なことがありそうですよね。

そこで、実際《じっさい》に空港のトイレをそうじしているスタッフの方々《かたがた》に話を聞いてみました。すると、意外な答えがかえってきました。世界一になるためにもっとも大切にしていることは、「よごれてしまったときに対応《たいおう》するスピード」だったのです。これには二つのポイントがあります。一つは、「よごれを発見してからいかに早くそのよごれをなくすか」ということです。〈よごれを発見してから一〇分以内《いない》に対応する〉という目標《もくひょう》が決められていて、これまでの実績《じっせき》では平均《へいきん》九分だそうです。空港のスタッフがよごれを発見した場合、すぐに管理室《かんりしつ》に連絡《れんらく》します。そこから清掃責任者《せいそうせきにんしゃ》に伝《つた》わり、担当者《たんとうしゃ》が現場《げんば》にかけつけるという仕組みです。

もう一つのポイントは、「できるだけ早くよごれを発見すること」です。そのためには、発見する人の数が一人でも多いほうが有利《ゆうり》です。羽田空港では、管理《かんり》スタッフ全員、「自分が清掃員《せいそういん》」という姿勢《しせい》で取り組んでいます。発見するだけではなく、スタッフ全員がつねにごみ袋《ぶくろ》を持っていて、かんたんなよごれやごみであればその場で対応《たいおう》し、トイレなどのよごれの場合は、先ほどの仕組みで担当者《たんとうしゃ》に連絡《れんらく》します。

トイレに限《かぎ》らず、多くの人が使う場所は、つねにせいけつになっていると、みんなが自然《しぜん》ときれいに使うようになるので、よごれにくくなります。ぎゃくに、よごれたままにしておくと、より乱暴《らんぼう》に使われるようになるので、どんどんよごれていきます。そうならないようにするくふうが、早期発見・早期対応だったのです。

私《わたし》たちはつい、技術《ぎじゅつ》や道具、特別《とくべつ》な何かにたよろうとしがちですが、大事なのは、その場をきれいにしたいと思う気持ちと、一人ひとりの行動だったのです。

いつもせいけつに保《たも》たれている羽田空港のトイレ

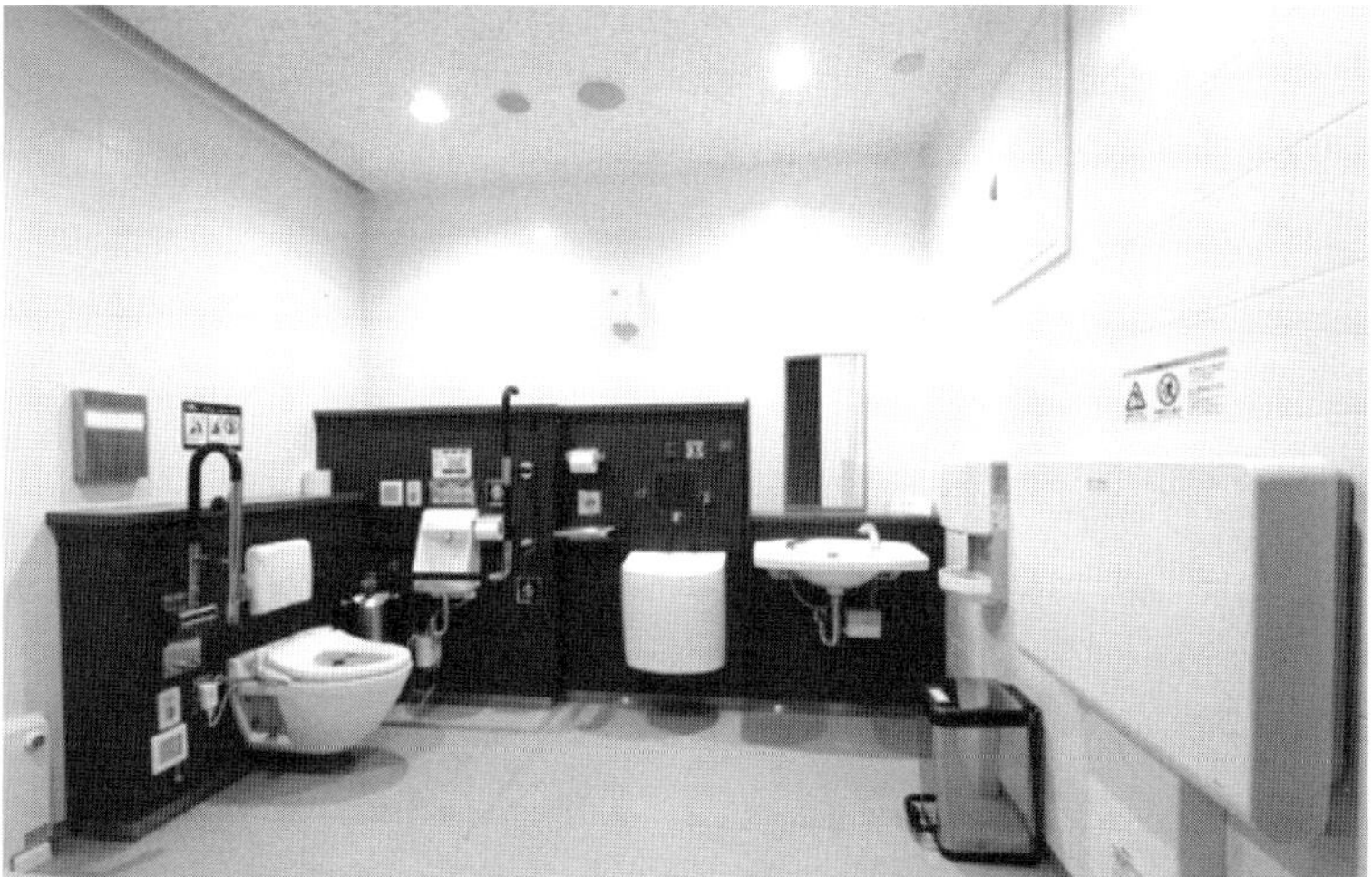

羽田空港の多目的《たもくてき》トイレ

写真提供：東京国際空港ターミナル株式会社

3. なぜ、女性用《じょせいよう》トイレに行列ができるのか

駅のトイレなど、女性用のトイレに、たくさんの人がならんでいるのを見たことはありませんか。これは、解決《かいけつ》しなければならない重要《じゅうよう》なテーマの一つです。

まずは、なぜ女性用トイレがこむのかを考えてみましょう。多くのトイレは、男性用と女性用で同じ広さになっています。そして、それぞれの部屋の中に、大便器《だいべんき》や小便器がうまく取りつけられるように設計《せっけい》されています。

「あれっ、それだと女性用トイレは数が少なくなるんじゃないの?」と思いませんか。男性用トイレには、小便器と大便器を取りつけますが、女性用トイレは大便器のみなので、すべてが個室《こしつ》になります。

女子トイレのほうが便器が少なくなる

個室《こしつ》は、小便器《しょうべんき》に必要《ひつよう》なスペースにくらべて広いスペースが必要なので、取りつけられる便器の数が、男性用《だんせいよう》よりも少なくなってしまいます。しかも、男性と女性では一回のトイレにかかる時間が異《こと》なります。たとえば、会社などで男性が小便器を使うときの時間は、一人平均《へいきん》三〇秒ぐらいですが、女性がトイレの個室を使うときの時間は、平均約《やく》九〇秒というデータがあります（社団法人《しゃだんほうじん》空気調和・衛生《えいせい》工学会調べ）。これでは、女性用トイレが混雑《こんざつ》するのは当然《とうぜん》です。

混雑をなくすためには、まず、女性用トイレ全体のスペースを広げることが必要でしょう。そのほかにも様々《さまざま》な取り組みが行われていますので、興味《きょうみ》のある人は、ぜひ調べてみてください（96ページ参照《さんしょう》）。

4. 進化するトイレ

(1) トイレで健康《けんこう》チェック

日本で、二〇一八年に亡《な》くなった人の数は一三六万二四七〇人です（厚生労《こうせいろう》働省《どうしょう》人口動態統計《どうたいとうけい》（確定数《かくていすう》））。このうち、亡くなった原因《げんいん》でもっとも多いのは、悪性新生物《あくせい》〈腫瘍《しゅよう》〉（三七万三五八四人）です。なんだか聞きなれない言葉ですが、これは、がんという病気のことです。

がんを予防《よぼう》するには、栄養《えいよう》バランスのよい食事をとること、運動をすること、タバコをすわないことなどが大切だとされています。そして、もしがんになってしまった場合は、早めに発見することが大事です。実は、「早めに発見すること」と「トイレ」とは、深く関係《かんけい》しています。

がんは、胃《い》や肺《はい》などいろいろなところにできる可能性《かのうせい》がありますが、女性《じょせい》でもっとも多いのは「大腸《だいちょう》」です。男性においても「大腸」は三番目に多い場所です。大腸にできるがんを発見する方法《ほうほう》は、うんちをチェックすることなのです。どういうことかというと、大腸にがんがあった場合、うんちがそこをとおるときにがんとこすれて、うんちに血がつきます。そのため、うんちに血がついているかどうかをチェックすることが、大腸がん発見のために役立ちます。

会社などで健康診断《けんこうしんだん》をするときには、うんちの検査《けんさ》もすることになっています。うんちを少しだけ容器《ようき》にとって病院に持っていくのですが、大人の中には、この検査をやりたがらない人がけっこういます。がんは、早く発見できれば、治《なお》る可能性が大きいので、それではこまります。

そこで、私《わたし》の知り合いのお医者さんは、便器《べんき》に特別《とくべつ》な装置《そうち》をつけて、おしりから出たうんちが便器の中の水に落ちる前に電磁波《でんじは》をあて、うんちに血がついていないかどうかをチェックする方法を考えています。この方法を考える中で、あらたにわかったことがあります。それは、同じ人でもうんちの出方が毎回ちがうということです。そのため、電磁波をどの方向《ほうこう》に向《む》かって出せばよいかなど、設定《せってい》のしかたがむずかしいそうです。

まだまだ開発途中《とちゅう》ですが、この装置が完成《かんせい》したら、すばらしいですね！毎日、うんちをするだけで、自動的《じどうてき》に、うんちに血がついていないかどうかの検査ができるということです。

このように、未来《みらい》のトイレは、体調や病気のチェックなどにも役立つようになっていくと思います。

すわるだけで健康《けんこう》チェックができるようになるかも……

（2）「快適《かいてき》トイレ」の取り組み

人がたくさん集まるところには、必《かなら》ずトイレが必要《ひつよう》です。たとえば、マラソン大会、花火大会、野外音楽祭、そしてオリンピック・パラリンピックなどのイベントでは、一時的《てき》にトイレをふやすことが必要になります。このようなときに臨時《りんじ》で設置《せっち》されるのは、災害時《さいがいじ》にも使われる、仮設《かせつ》トイレです。仮設トイレには和式が多いことを第1章で紹介《しょうかい》しましたが、最近《さいきん》、この仮設トイレが変《か》わり始めているのです。そもそも、仮設トイレの多くは、建物《たてもの》や橋、道路《どうろ》、ダムなどをつくる工事現場《げんば》で使われています。工事現場での作業は、雨の日も風の日も、暑くても寒くてもつづきます。そんな工事現場でも安心してはたらくことができるように、「トイレを快適にしよう」という取り組みが始まったのです。

国は、工事現場で安心して使えるトイレのことを「快適トイレ」という名《めい》称《しょう》にしました。「快適トイレ」として認《みと》めてもらうためには、一一個《こ》のチェック項目《こうもく》をクリアする必要《ひつよう》があります。たとえば、「洋式便器《べんき》である」、「トイレがくさくならないような機能《きのう》がある」、「便座除菌《べんざじょきん》クリーナーなどがそなえてある」などの項目です。仮設《かせつ》トイレの設備《せつび》がもっとよくなって、自宅《じたく》のトイレと同じくらいになったらいいですね。

また、「快適《かいてき》トイレ」の中には大型《おおがた》のものもあります。コンテナのような大きな箱の中にトイレの個室《こしつ》が何個も入っているタイプです。まるで移動式《いどうしき》の公衆《こうしゅう》トイレのようです。必要なときに、トイレが自動で走ってきてくれたらおもしろいですね。いつでも、どこでも、自由に移動できるトイレのことを、みなさんならなんという名前にしますか？　「どこでもトイレ」という名前はどうでしょうか？

大型の快適トイレ

内部も快適！

まるで、動く
公衆トイレ!!

写真提供：ウォレットジャパン株式会社

コラム2

トイレが混雑《こんざつ》しないようにするためのくふう

トイレを混雑させないために、様々《さまざま》なくふうをしたトイレづくりが行われています。ここでは、三つ紹介《しょうかい》します。

① あいているトイレへ案内《あんない》する

一つ目は、近くのあいているトイレを教えてあげる方法《ほうほう》です。そうすれば、わざわざ混雑しているトイレにならばなくてすみます。たとえば羽田空港の場合、通路《つうろ》に取りつけられた大型《おおがた》モニターで、周辺《しゅうへん》のトイレまでの距離《きょり》とあき状況《じょうきょう》を知らせています（左ページ写真）。最近《さいきん》は、近くにあるトイレの混雑状況を教えてくれるスマートフォンのアプリもあります。

② あいた個室《こしつ》がわかるようにする

二つ目は、トイレにならぶ時間を短くする方法です。トイレの個室がズラリとならんでいると、どの個室があいているのかがわかりにくいことがあります。そのようなトイレでは、あいていることに気がつかずに待ってしまうということが起こります。そこで、個室のとびらの開け閉《し》めと連動《れんどう》して光るランプをとびらにつけたり、とびらと個室内のかべの色を変《か》えておいたりすることで、あいていることが一目でわかるくふうがされています。どちらもパッと見てわかるので、「あきがあるのに待ってしまう」という、ムダな時間をなくすことができます。

③ 個室内のロスタイムをへらす

三つ目は、トイレの個室に入ってからの動きをスムーズにし、時間がかからないようにする方法です。このときに大切なことは、トイレの使い方でまよわせないことです。とくに、荷物《にもつ》を置《お》く場所や荷物をかけるフックの場所にまよう人が多いようです。そこで、入ってすぐ目につくところにフックなどをつくったり、トイレを流す洗浄《せんじょう》ボタンの位置《いち》や使い方もできるだけシンプルにしたりするくふうをしています。

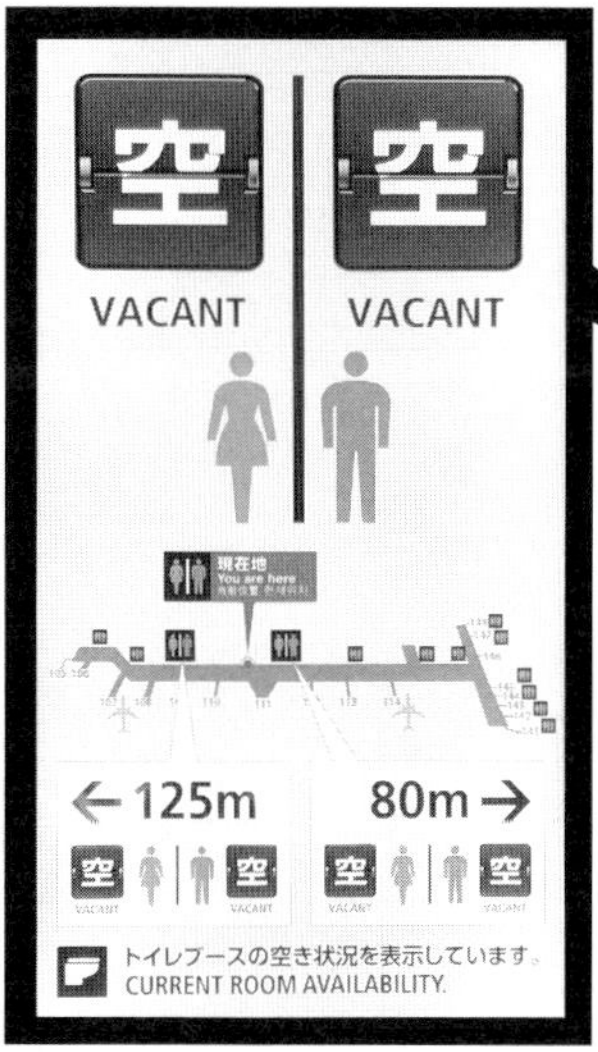

モニターで、周辺のトイレの状況を知らせてくれる（羽田空港）

コラム3

トイレ美術館《びじゅつかん》って、知ってる？

トイレに、絵などのアート作品をかざって美術館のようにしたら、トイレのふんいきが変《か》わり、みんながきれいに使ってくれるかもしれません。そんなアイデアを実践《じっせん》したのが「トイレ美術館」です。

二〇〇九年、東京都渋谷区《しぶやく》にある公衆《こうしゅう》トイレに、「※陶板《とうばん》」「書」「写真」「イラスト」「詩」など、様々《さまざま》な作品をかざり、二日間限定《げんてい》のトイレ美術館を開催《かいさい》しました。

ほとんどの人は、トイレが美術館に変身《へんしん》していることは知らないで入ってくるので、たくさんの作品がかざられていることにおどろいていました。ふだんは、ごみが置《お》かれることも多かったのですが、この二日間はとてもきれいに使われていました。大成《だいせい》功《こう》です。

みなさんの学校でも、トイレ美術館をやってみてはどうですか？

※陶板：絵やもようなどを焼きつけた陶器。

第5章

がまんできない！　トイレが命を救《すく》う

1. 災害時《さいがい》に役に立つトイレ

ここまで、トイレが、私《わたし》たちの生活や健康《けんこう》にとって、どれだけ大切なものであるかを見てきました。

大切なことなのでくりかえし言いますが、私たちが生きていくためには、食べること、ねること、運動することだけではなく、うんちやおしっこをすることが必要《ひつよう》です。動物であれば、その辺《へん》ですることができますが、人間はそうはいきません。丸見えではこまりますし、あちこちでしてしまうと、町がよごれて病気が広がります。では、トイレならなんでもよいかといえば、それもダメです。明るくてせいけつで、その人にとって安心できる場所であることが必要です。なぜかというと、不安《ふあん》だったり、こわくてきんちょうしていたりすると、うんちが出にくくなるからです。

ところで、この本の第1章で、災害時のトイレのことを書きました。それを思い出してください。毎日、当たり前に使えるトイレが突然《とつぜん》使えなくなってしまうのが、災害時です。けれど、災害時であろうとうんちやおしっこはがまんしてはいけません。そこで、そんなときにそなえて、災害用トイレについて、みなさんに知っておいてほしいのです。

日本には、災害の予防《よぼう》や、災害が発生したときの対応《たいおう》などをまとめた「防《ぼう》災基本計画《さいきほん》」というものがあります。これは政府《せいふ》が作成《さくせい》したもので、国、都《と》道府県《どうふけん》や市区町村、住民《じゅうみん》などの責任《せきにん》と義務《ぎむ》が具体的《ぐたいてき》に記されています。さらに、この計画にもとづいて、都道府県や市区町村は、それぞれの地域《ちいき》の防災計画を作成しています。

この防災基本計画《ぼうさいきほんけいかく》には、四つのタイプの災害用《さいがいよう》トイレが示《しめ》されているので、ここではそれらを紹介《しょうかい》します。その前に、「災害用トイレって何？」という疑問《ぎもん》についてお答えします。災害用トイレとは、自然《しぜん》災害などで水洗《すいせん》トイレが使えなくなったときに一時的《いちじてき》に使用するトイレのことを指します。防災基本計画には、〈携帯《けいたい》トイレ〉、〈簡易《かんい》トイレ〉、〈マンホールトイレ〉、〈仮設《かせつ》トイレ〉の四タイプが記されています。携帯トイレと簡易トイレはおもに屋内で使用し、マンホールトイレと仮設トイレは屋外で使用します。

〈携帯トイレ〉

携帯トイレは、家庭の水洗《すいせん》トイレが流せなくなったとき、便器《べんき》に取りつけて使用する、袋式《ふくろしき》のトイレです。袋の中に、吸収《きゅうしゅう》シートや凝固剤《ぎょうこざい》を入れて、うんちやおしっこを吸収したり、かためたりします。使ったあとは、袋の口をしばってごみの回収《かいしゅう》が再開《さいかい》されるまで保管《ほかん》します。多くの地域《ちいき》では、もえるごみとして回収してもらえると思いますが、あらかじめ住んでいる市区町村に確認《かくにん》しておきましょう。携帯トイレは、いつも使っているトイレに取りつけて使うことができるので、避難所《ひなんじょ》のトイレでも家庭のトイレでも使えます。とくに災害が起きたときに自宅《じたく》で避難生活をするためには絶対《ぜったい》に必要《ひつよう》です。

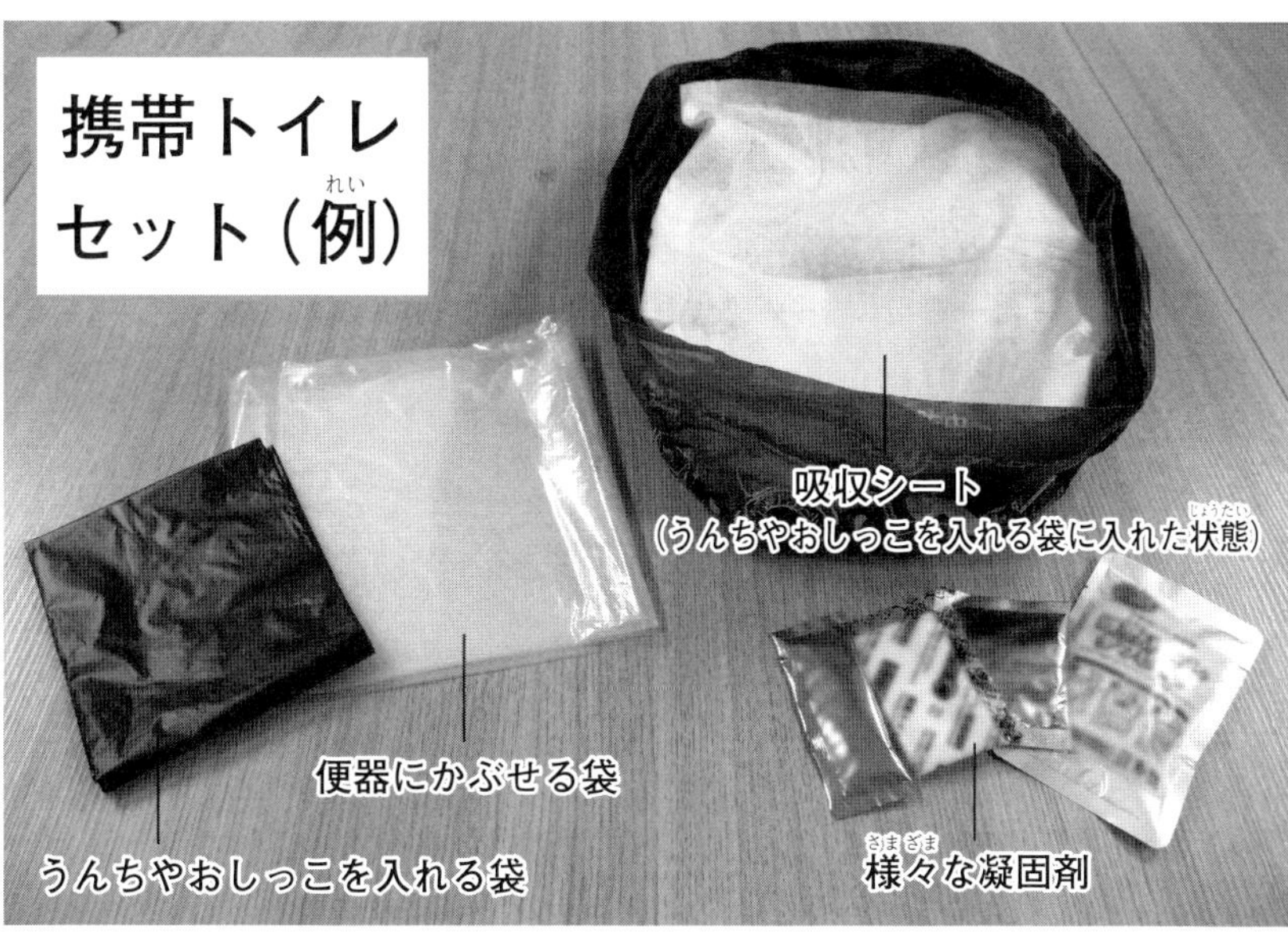

〈簡易《かんい》トイレ〉

簡易トイレは、和式便器《べんき》を一時的《いちじてき》に洋式便器にするときに役立ちます。和式便器の上に置《お》くなどして使用できるからです。避難所《ひなんじょ》には、お年寄《としよ》りや足《あし》腰《こし》のわるい人もいます。もし、和式便器しかなかったら、しゃがむことができない人はこまってしまいます。そんなときは、簡易トイレが便利《べんり》です。簡易トイレに、携帯《けいたい》トイレを取りつけて使うものもあれば、袋《ふくろ》を自動で密閉《みっぺい》するタイプもあります。また、避難所にたくさんの人が集まり、トイレをふやす必要《ひつよう》があるときも、簡易トイレが役立ちます。

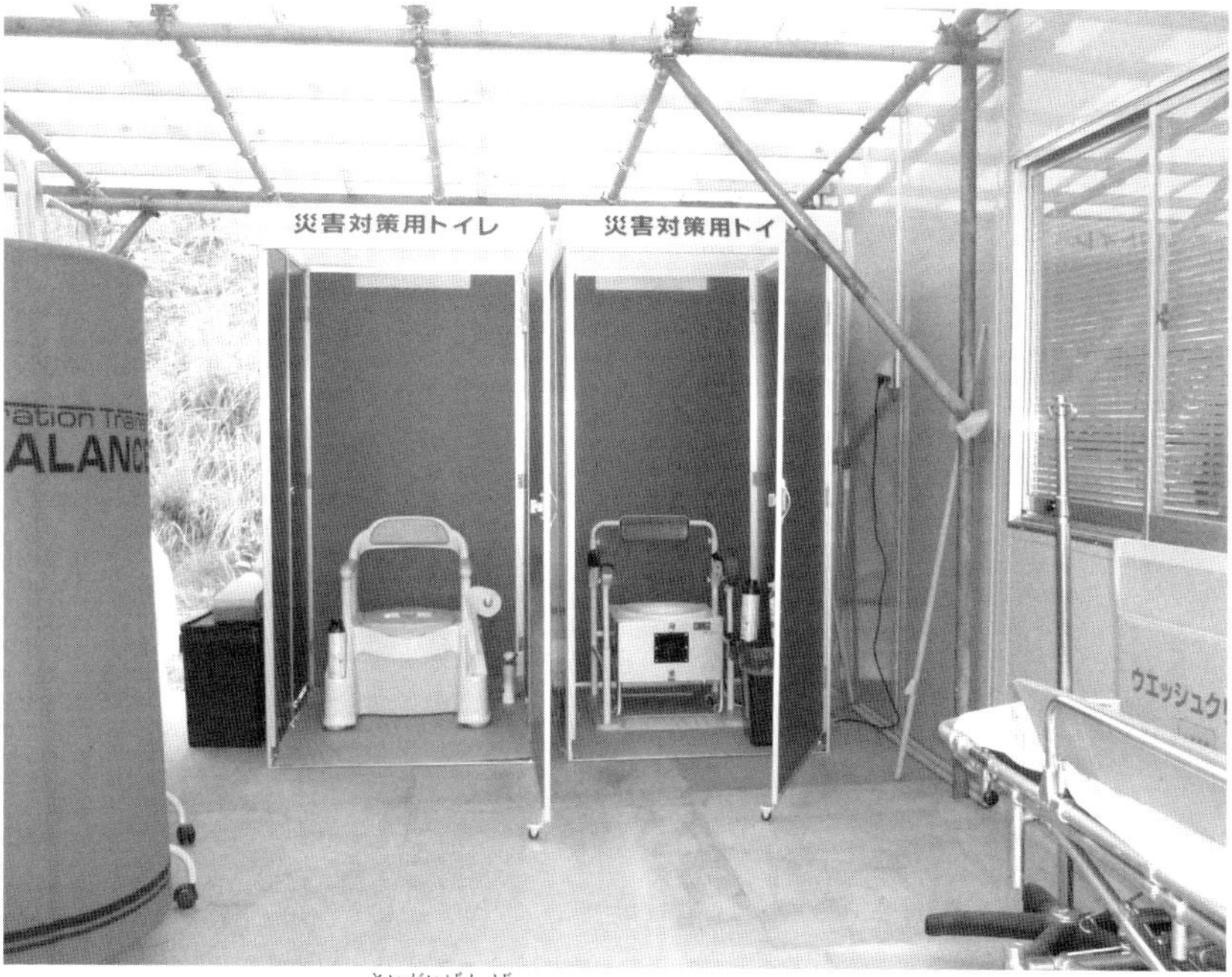

災害《さいがい》現場《げんば》で便利な簡易トイレ

〈マンホールトイレ〉

マンホールトイレは、おもに避難所《ひなんじょ》となる学校や公園の地中に、あらかじめ下水道管《かん》をうめる工事をしておいて、その管の上にマンホールのふたを取りつけた設備《せつび》です。マンホールの下が下水道管ではなく、大きな容器《ようき》になっているものもあります。災害《さいがい》が起きたときに、マンホールのふたを開けて、そこに専用《せんよう》の便器《べんき》を取りつけ、まわりをかこんでトイレの部屋をつくります。

このときに気をつけなければならないのは、災害時《さいがいじ》にふたを開けて、トイレとして使用できるのは、マンホールトイレ専用のマンホールだけということです。道路《どうろ》にあるどのマンホールでもふたを開けて使用していいというわけではありません。もしふたの開いているマンホールがあったとしても、危険《きけん》なので近づかないようにしてください。

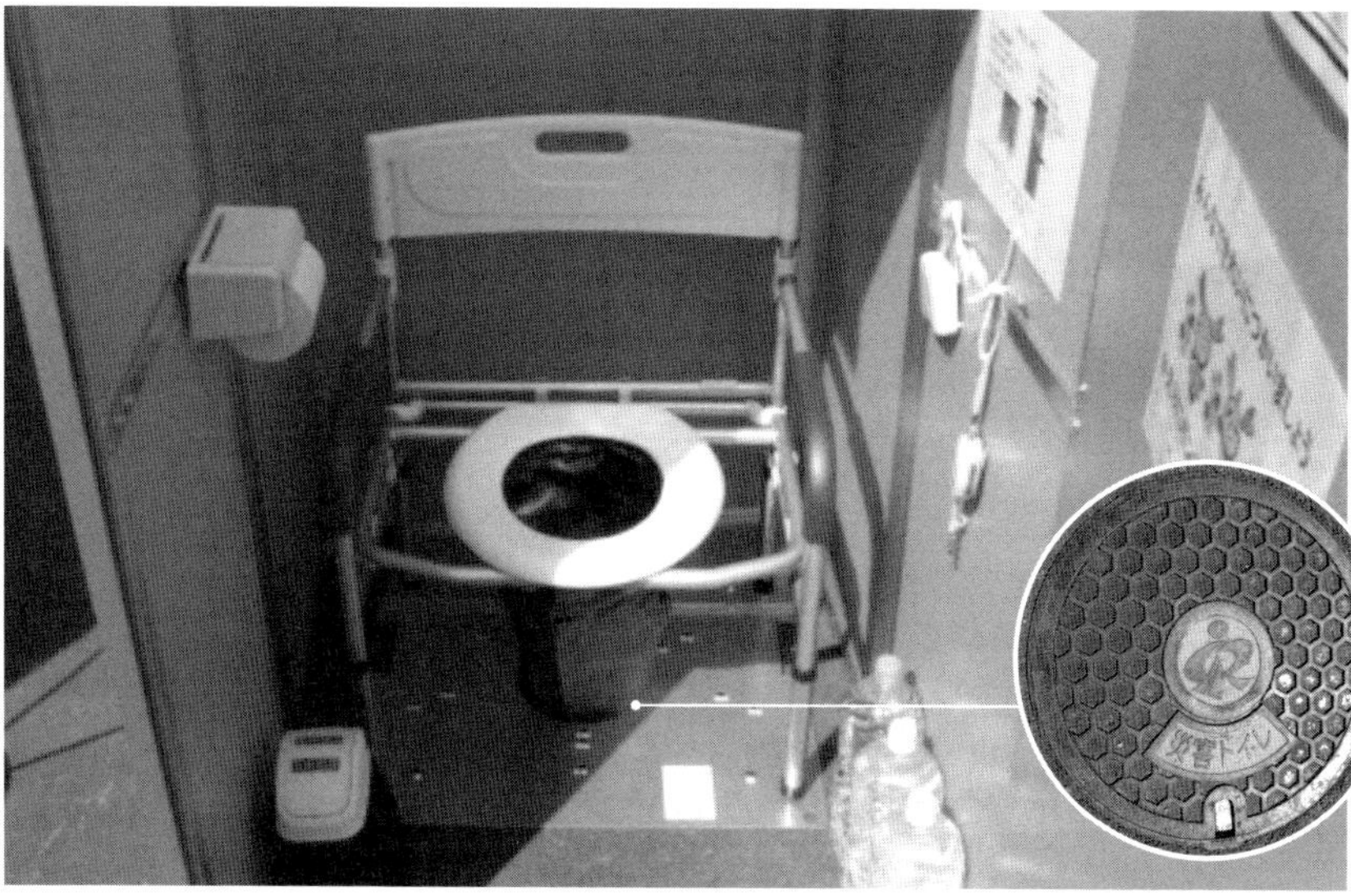

写真提供：宮城県東松島市建設部下水道課

マンホールのふたを開けて便器を取りつける

※マンホールトイレ用のマンホールのふたには、「トイレ」や「災害用」などと書かれています。

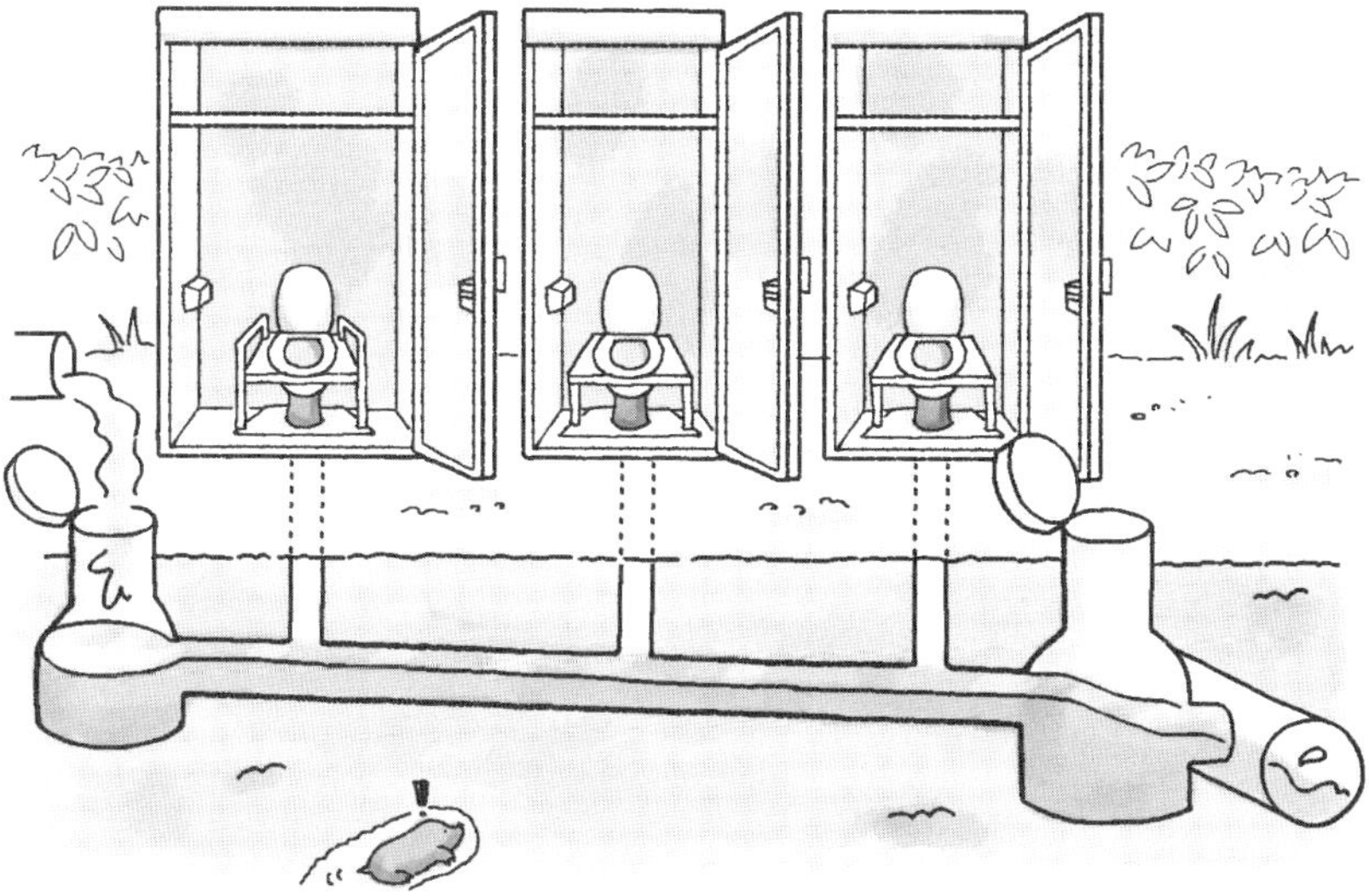

〈仮設《かせつ》トイレ〉

仮設トイレは、災害時《さいがいじ》だけではなく、花火大会やマラソン大会などのイベントのときなどに、トラックで運んできて設置《せっち》するトイレです。うんちやおしっこは、仮設トイレの下の部分にあるタンクにためるようになっているので、トイレの入り口に段差《だんさ》があります。うんちやおしっこがたまったら、バキュームカーという専用《せんよう》の車でくみ取ることが必要《ひつよう》です。

最近《さいきん》はバキュームカーが少なくなってきましたが、この車と作業してくれる人がいなければ、あっという間に満杯《まんぱい》になって使えなくなるので、この作業はとても重要《じゅうよう》です。最近の仮設トイレは、使ったあとに、ペダルをふむとコップ一杯《いっぱい》分くらいの水が流れます。洋式便器《べんき》と和式便器の両方のタイプがありますが、災害時にとどけられるトイレの多くは、和式タイプです。みなさんは、しゃがんで使う和式便器を使ったことがありますか? 使ったことがなければ、もしものときのために、練習しておくことをおすすめします。

みなさんの学校には、どのタイプの災害用トイレがそなえられているか、ぜひ調べてみてください。防災訓練《ぼうさいくんれん》で災害用トイレの使い方を教えてくれることがありますので、そんなときは、積極的《せっきょくてき》に参加《さんか》してください。一度使ったことがあると、いざというときの不安《ふあん》が小さくなります。何ごとも経験《けいけん》しておくことが大事ですよ。

仮《か》設《せつ》トイレ

外観《がいかん》

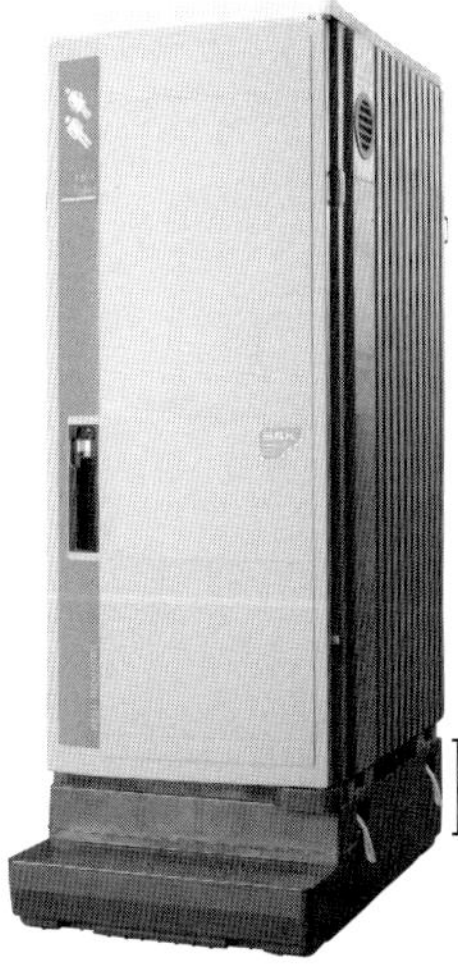

この段《だん》差《さ》の部分に
うんちやおしっこを
ためます。

洋式タイプ

車いすで入れるタイプ

〈内部〉

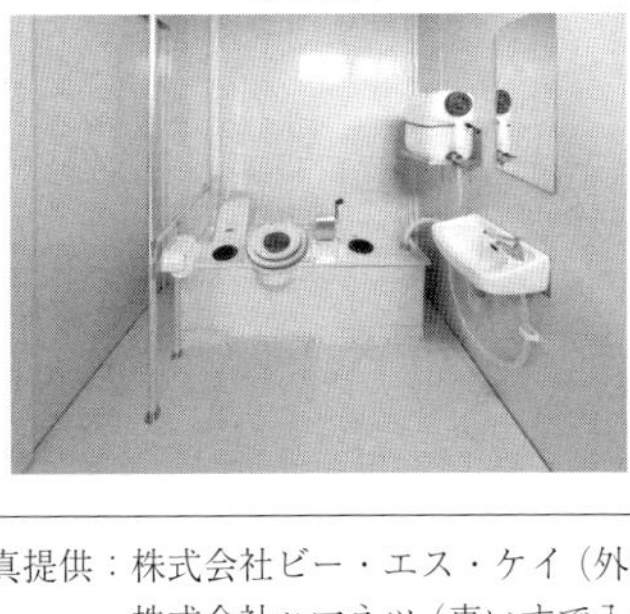

和式タイプ

写真提供：株式会社ビー・エス・ケイ（外観：BS-KRYWⅡ-P、洋式：BS-KRYⅡ-P、和式：BS-KRⅡ）
株式会社ハマネツ（車いすで入れるトイレ：ネクストイレ ユニバーサル）

2. 災害《さいがい》にそなえて、今やっておくべき七つのこと

もしものときにそなえて、すぐにでも、やってほしい七つのことがあります。今から書くことは、大人でも知っている人は多くありません。トイレは、すべての人にかかわる大切なことなので、一人でも多くの人に伝《つた》えたいのです。だからこそ、みなさんの力が必要《ひつよう》です。自分や大切な人たちのためにも、しっかりとおぼえておいてください。そして、このことをおうちの人と話し合ってみてください。

(1) トイレのたなに重いものやかたいものを置《お》かない

トイレの中の高いところに、たなや収納《しゅうのう》場所がある家も多いと思います。

そこに重いものやかたいものを置《お》かないでください。地震《じしん》で中のものが落ちて、便器《べんき》がわれてしまうことがあるからです。便器がわれると、水がもれたり、排水管《はいすいかん》からくさいにおいが逆流《ぎゃくりゅう》してきたりします。また、次に説明《せつめい》する携帯《けいたい》トイレを取りつけることもできなくなってしまう場合があります。

（2）携帯トイレをそなえる

地震や水害《すいがい》のときでも、建物《たてもの》がこわれていない場合は、家で避難《ひなん》生活を送ることになります。そのとき、水が出なくても、排水管がこわれていても、家のトイレの便器に携帯トイレを取りつけることができれば、そこで用をたすことができます。携帯トイレをそなえていないと、トイレをさがしに外に行かなければなりません。夜でも、雨の日や寒い日でも、トイレには行きたくなります。そのたびに外に行くのはとても大変《たいへん》です。停電《ていでん》で真っ暗な夜に外のトイレに行くのはこわいと思います。家のトイレが使えれば安心ですよね。

携帯トイレを使ったあとは、もえるごみなどとしてすてることになりますが、災害後《さいがい》、すぐには回収《かいしゅう》に来てもらえません。そこで、しばらくためておくために、庭やベランダなどに置くふたつきの容器《ようき》があるとよいです。

（3）携帯トイレの上手な取りつけかたをおぼえる

携帯トイレを直接《ちょくせつ》便器に取りつけてしまうと、便器の中にたまっている水がついてしまい、携帯トイレを取りかえるときにポタポタとたれてしまいます。そこで、携帯トイレを取りつける前に、まずは便座《べんざ》を上げて、便器にポリ袋《ぶくろ》をかぶせます。四五リットルくらいの袋であれば、便器にすっぽりかぶせることができます。そのあと、便座を下ろして、その上から携帯トイレを取りつければ水でぬれてしまうことはありません。使用後は携帯トイレだけを交換《こうかん》すればよいという意味です。ちょっとしたことになりますが、大事なことです。

1．便座《べんざ》を上げて、便器《べんき》にポリ袋《ぶくろ》をかぶせる。

2．便座を下ろして、携帯《けいたい》トイレをかぶせる。

3．凝固剤《ぎょうこざい》や吸収《きゅうしゅう》シートを入れ、トイレを使用する。

4．袋の口をしばって、すてる。

（4）携帯トイレは一人三五回分ぐらい必要《ひつよう》

携帯トイレをそなえるとき、どのくらいの数が必要かを計算しておきましょう。みなさんは、一日に何回トイレに行きますか？　一週間、毎日数えてみてください。同じ人であれば一日にトイレに行く回数は、だいたい同じぐらいになるはずですが、人によって回数は異《こと》なるので、家族みんなで数えてみるとよいでしょう。

国の資料《しりょう》では、災害時《さいがいじ》のトイレの平均的《へいきんてき》な使用回数は一日五回が目安とされています。また、最低《さいてい》三日分、できれば七日分そなえておくのがよいとされていますので、携帯トイレの必要数を計算する式は、次のようになります。

五回（一日のトイレの回数）※×七日間＝三五回

※トイレの回数は、実際の回数に合わせて調整しましょう。家族分合計した数の携帯トイレをそなえましょう。

（5）トイレットペーパーをそなえる

新型《しんがた》コロナウイルス感染症《かんせんしょう》が広まったとき、「トイレットペーパーがなくなる」といううまちがった情報《じょうほう》が広まってしまい、みんながいっせいに買ってしまったので、品不足《ぶそく》の状態《じょうたい》がつづいたのを知っていますか？　そのようなときにこまらないように、日ごろから一か月分ぐらいをそなえておくと安心です。そのためにどのくらいの量《りょう》が必要《ひつよう》かについても、計算しておきましょう。

まず一回あたりにどのくらい使うのかを測《はか》ります。いつもと同じようにまき取ったら、すぐに使わずにいったんのばして長さを測り、それをおぼえておいてください。おしっこのとき、うんちのとき、人によっても、それぞれ長さはちがいます。家族みんなで測ってみるとおもしろいですね。

必要な量を計算する式は、次のようになります。

おしっこのときに使う長さ×回数（一日の回数）＝○メートル

うんちのときに使う長さ×回数（一日の回数）＝△メートル

↓〇メートル＋△メートル＝□メートル（一人が一日に必要な量）

↓□メートル×三〇日（一か月）＝☆メートル（一人が一か月に必要な量）

☆メートルを、いつも家で使っているトイレットペーパー一ロールの長さでわると、一人が一か月に必要なトイレットペーパーの個数《こすう》がわかります。

家族全員の長さで計算すれば、どのくらいそなえておけばよいのかがわかります。

おしっこのときに使う長さ ×1日の回数 ＝ ●メートル

うんちのときに使う長さ ×1日の回数 ＝ ▲メートル

↓

●メートル ＋ ▲メートル ＝ ■メートル
（1人が1日に必要な量）

↓

■メートル × 30日（1か月）＝ ★メートル
（1人が1か月に必要な量）

↓

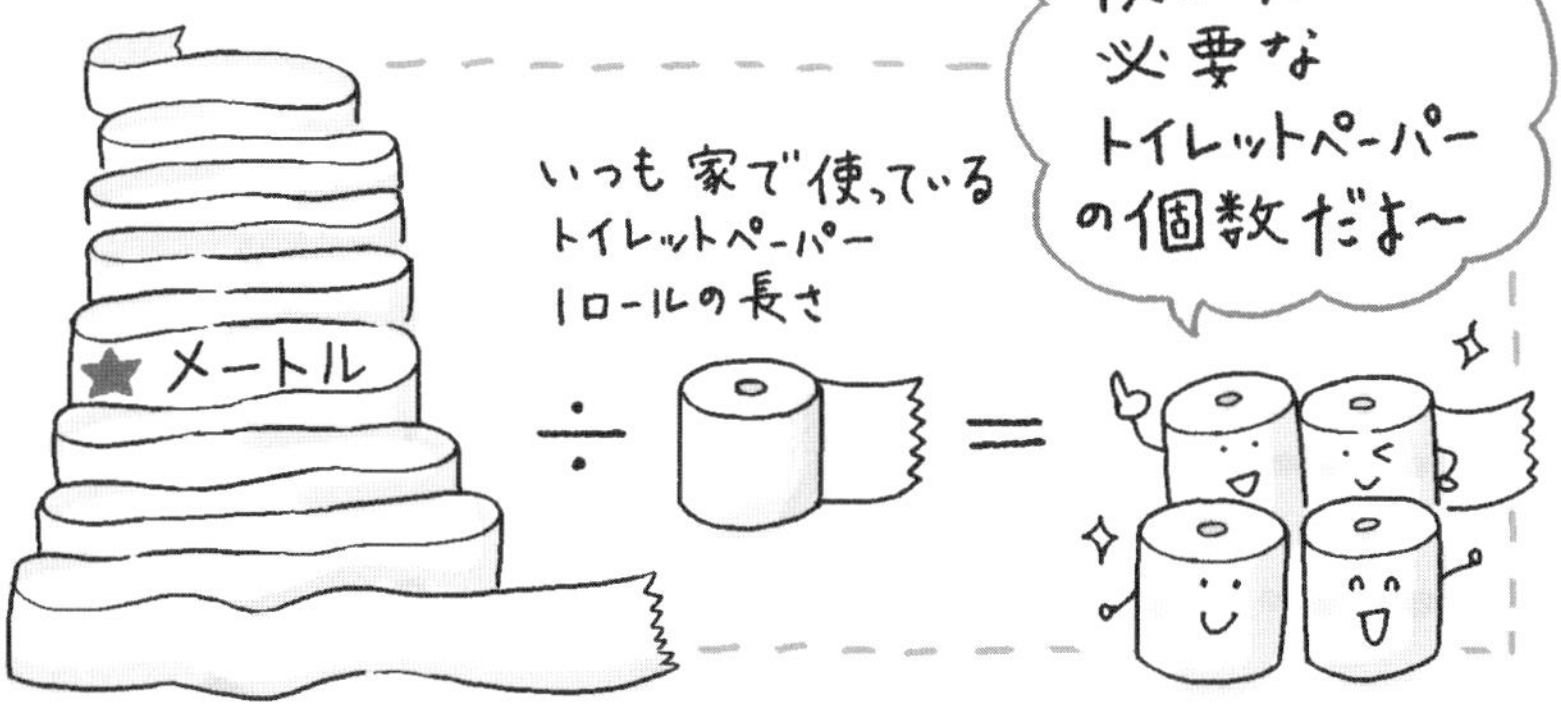

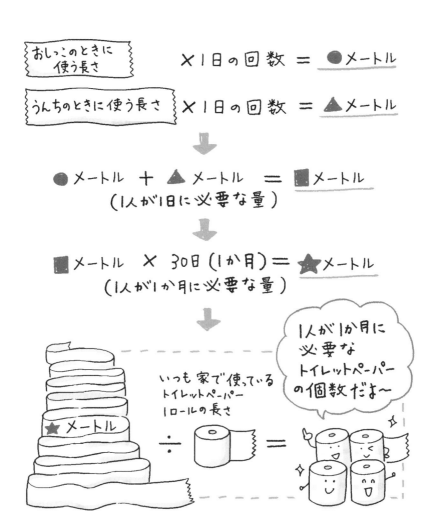

（6）手をきれいにするものをそなえる

災害《さいがい》のときも、そうでないときも、少なくともトイレのあとと食事の前は、手をきれいにすることが大切です。いつもは水道水と石けんで手を洗《あら》うことができますが、断水《だんすい》しているとそうはいきません。水がないときは、ウェットティッシュなどで手をふくことが必要《ひつよう》です。ウェットティッシュやペーパータオルなどをそなえておき、ふき取りましょう。ふくことで、手についた目に見えないよごれをへらすことができます。ふき取ったあとに、アルコール消毒《しょうどく》することができれば、なおよいです。

（7）照明《しょうめい》をそなえる

みなさんの家のトイレには、窓《まど》がありますか？　トイレには窓がない場合が多いと思います。停電《ていでん》になると、トイレは真っ暗になります。もし窓があったとしても夜は真っ暗です。暗やみの中でトイレを使うのは大変《たいへん》です。

うんちをしたあとにおしりがちゃんとふけているかどうかもわかりません。そこで、停電《ていでん》したときのための照明《しょうめい》が必要《ひつよう》です。できればランタンのように空間全体を明るくするもので、しかも両手が自由になるように、たなや床《ゆか》に置《お》けるタイプのものがよいです。ヘッドライトでもよいので、そなえておきましょう。

ランタン

3．新型《しんがた》コロナウイルス感染症《かんせんしょう》

トイレをせいけつに保《たも》つことが感染症予防《よぼう》に役立つことは、すでに書きました。ここでは、今年（二〇二〇年）世界的《せかいてき》に大流行した新型コロナウイルス感染症を例《れい》にして、もう少しくわしく説明《せつめい》します。

(1) どのように感染するのか

日本では、二〇二〇年四月七日に、まず七つの都府県《とふけん》に新型コロナウイルス感染症緊急事態宣言《きんきゅうじたいせんげん》が出されました。その後、四月一六日には宣言の対象《たいしょう》地域《ちいき》を全都道府県に拡大《かくだい》しました。

ヒトにうつるコロナウイルスには七つの種類《しゅるい》が見つかっています。このうちの一つが新型《しんがた》コロナウイルスです。ウイルスとは、目に見えないほど小さい構造体《こうぞうたい》で、私《わたし》たちの体をつくっている細胞《さいぼう》の中に入りこんでふえ、わるさをします。「インフルエンザウイルス」や「ノロウイルス」という名前を聞いたことがありますか？　これらをふくめ、感染《かんせん》を予防《よぼう》するには、ウイルスを体の中に入れないことが大事です。

新型コロナウイルスは、おもに二つの方法《ほうほう》で体の中に入ってくるといわれています。一つ目は、ウイルスを持っている人がせきやくしゃみをしたときに、せきやくしゃみにふくまれているウイルスがとびちり、それをほかの人がすいこんでしまうというううつりかたです。

二つ目は、ウイルスを持っている人がウイルスのついた手で何かをさわり、ほかの人がそれをさわって、うつるといううつりかたです。たとえば、ウイルスを持っている人がせきやくしゃみをするときに手で口をおさえると、ウイルスは手につきます。その手でドアノブなどにさわると、今度はそのドアノブにウイルスがつきます。その後、ほかの人がそれにさわり、その手で自分の目や鼻、口にふれると、手についたウイルスが体の中に入ってしまうということです。

（2）トイレと感染症《かんせんしょう》

新型《しんがた》コロナウイルスは、体の中に入ってこなければ、感染症になることはありません。つまり、ウイルスが入ってくる二つの方法《ほうほう》を防《ふせ》げばよいのです。実は、多くの人が使うトイレは、ウイルスを広げやすい場所でもあります。そこで、学校のトイレを例《れい》に、感染を防ぐおもな方法を紹介《しょうかい》します。

一つ目は、手洗《てあら》いです。トイレを使うときは、いろいろな人が同じところをさわります。トイレの照明《しょうめい》のスイッチ、ドアノブ、かぎ、トイレットペーパーホルダー、水を流すレバー（ボタン）、水道の蛇口《じゃぐち》などです。いろいろな人がさわるということは、そこにウイルスがついている可《か》能性《のうせい》があるということです。ですから、トイレのあとは必《かなら》ず手を洗ってください。

二つ目は、トイレに窓《まど》がある場合は、定期的《ていきてき》に開けて空気を入れかえてください。換気扇《かんきせん》がある場合は、動かしましょう。空気を入れかえることで空気中のウイルスをへらすことができます。換気扇にほこりがつまっていたり、水が流れていく排水口《はいすいこう》がつまっていたりしたら、先生に伝《つた》えてください。

コラム4

トイレットペーパーは何からできている？

　トイレットペーパーには、古紙を再生《さいせい》してつくるものと、木材《もくざい》からつくるものがあります。木材からつくる場合は、木を切る必要《ひつよう》がありますが、どんどん木を切って森がなくなってしまうと、人間だけでなく、そこにいる生きものもこまってしまいます。だからといって、トイレットペーパーを一切使わないわけにもいきません。そこで、トイレットペーパーを製造《せいぞう》している企業《きぎょう》や団体《だんたい》は、木を植えたり、森や木材を管理《かんり》する制度《せいど》をつくったりしています。

　一方、私《わたし》たち一人ひとりにもできることがあります。それは、トイレに行ったら、森や生きもののことを思いうかべながら、トイレットペーパーを大切に使うことです。そういえば、トイレでは水も使います。きれいな水も、森がなければ生まれません。安心してトイレを使うためには、森を守ることが必要ということです。

三つ目は、手洗《てあら》い石けんについてです。固形《こけい》石けんは、ぬれたままにしておくとあわ立ちにくくなりますので、できるだけ水分のない状態《じょうたい》にしておきましょう。石けんには、新型《しんがた》コロナウイルスがわるさをしないようにする成分《せいぶん》（界面活性剤《かいめんかっせいざい》）がふくまれています。しっかりとあわ立てることで、手のしわの間やつめの間などに石けんの成分《せいぶん》が行きわたります。ですから、しっかりあわ立てて使うことが必要《ひつよう》です。

また、液体《えきたい》石けんの場合、石けんが出る部分をさわらないようにしてくだ

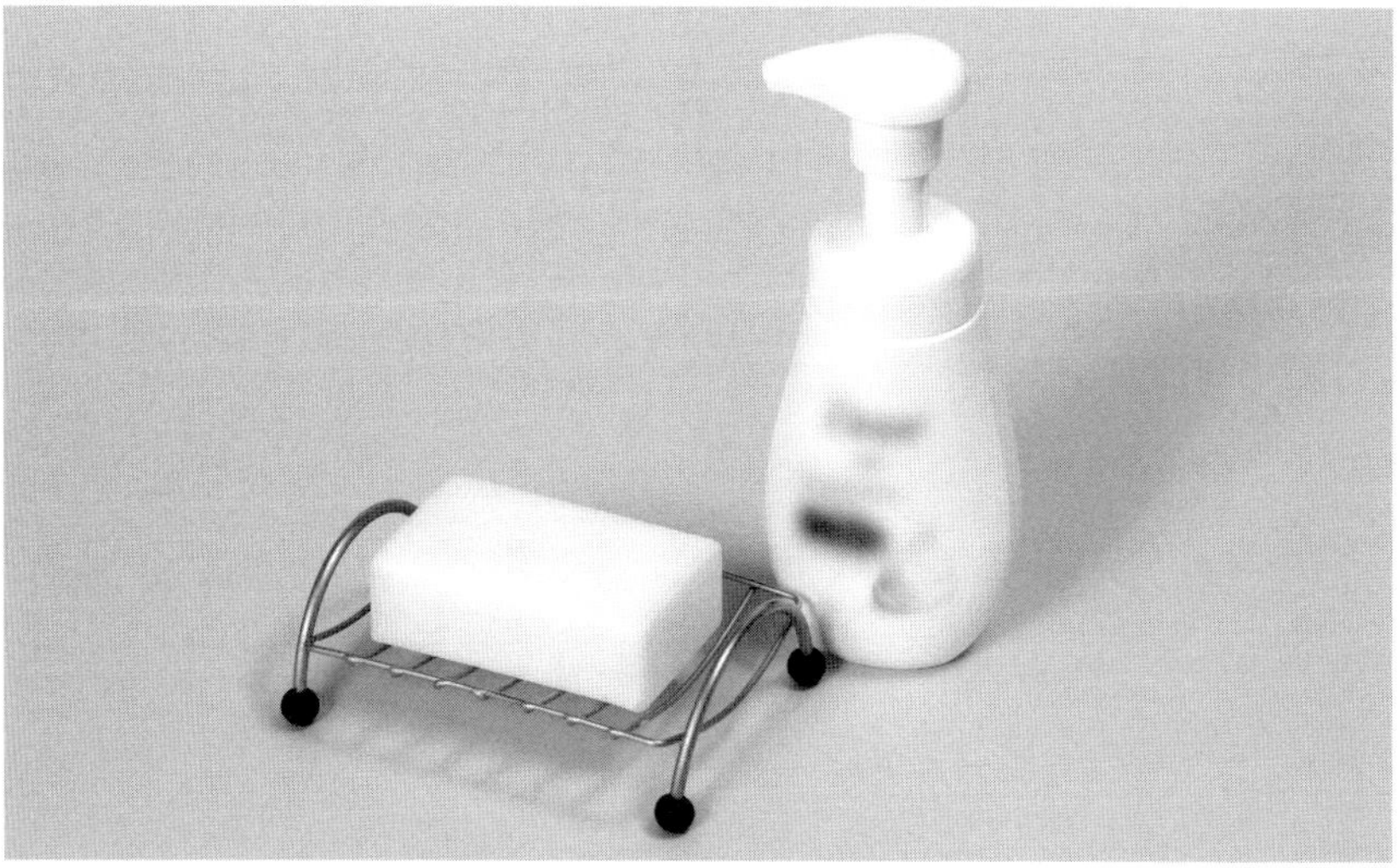

石けんを使って手を洗おう

さい。ここからわるい菌《きん》が石けんの中に入ってしまうこともあります。液体石けんが空になったら、容器《ようき》の中はもちろん、石けんが出る部分もポンプをおしながらしっかりと洗い、水気を切ってから、新しいものを入れてください。石けんがまだのこっているのに、つぎたしてはダメです。

四つ目は、トイレを流すときのことです。流す水のしぶきには、うんちの中の菌やウイルスがふくまれていることがあるので、もしふたがあれば、閉《し》めてから流してください。ただし、ふたを閉めるということは、ふたに水がとびちることになりますので、ふたの内側《うちがわ》にはさわらないようにしてください。ふたがないトイレもたくさんあります。その場合は、水を流すときにはねた水が体にかからない位置《いち》に移動《いどう》してから流してください。

五つ目は、体の抵抗力《ていこうりょく》を高めることです。どういうことかというと、栄養《えいよう》不足《ぶそく》、寝《ね》不足、運動不足だったり、うんちをがまんして体の中に不要《ふよう》なものをためこんでいたりすると、体の調子がわるくなります。そうするとウイルスへの体の抵抗力《ていこうりょく》が下がってしまいます。ですから、ぐっすりねむって、しっかり食べて、元気に体を動かして、すっきりうんちをすることが、新型《しんがた》コロナウイルスなどの感染症《かんせんしょう》にならないためには重要《じゅうよう》です。

最後《さいご》に、トイレとは直接関係《ちょくせつかんけい》ありませんが、自分のせきやくしゃみを相手にかけないようにすること、そして相手のせきやくしゃみがかからないようにすることも大切です。そのためにやってほしいのは、せきエチケットです。もし、自分がせきやくしゃみをしそうになったら、手ではなく、うでの内側《うちがわ》でおさえてするのがよいといわれています。どうしても間に合わない場合は、人のいないほうを向《む》いてしましょう。また、マスクをつけることも、ウイルスをふくんだつばがとびちるのをおさえます。

4.「トイレが命を救《すく》う」〜みなさんへのお手紙〜

この本を最後《さいご》まで読んでくれてありがとうございました。とてもうれしいです。最後に、みなさんにお手紙を書きますので、読んでください。

世の中では、食べもののことはたくさんの人が興味《きょうみ》を持ち、あちこちで話題になります。おいしさのこと、見ばえのこと、栄養《えいよう》のことなど、いろいろありますね。でも、うんちのことについては、ほとんど話しません。うんちに関《かん》する大事なお仕事をしている人はたくさんいます。便秘《べんぴ》や肛門《こうもん》などの病気を治《なお》す人、そのための薬をつくる人、トイレやおむつをつくる人、自分でうんちができない人のお世話をする人、トイレをそうじする人、トイレに必《ひっ》要《よう》な水を運ぶ設備《せつび》をつくる人、トイレから流されるよごれた水を運ぶ設備をつくる人、よごれた水を下水道や浄化槽《じょうかそう》などできれいにする人、仮設《かせつ》トイレにたまったうんちやおしっこをバキュームカーで運ぶ人などです。

ものすごくたくさんの人が力を合わせてがんばっています。それなのに、うんちの話をしないのは、なぜですかね？　私《わたし》はその理由を知っています。うんちの話をすることになれていないからです。そして、みんなの前で、堂々《どうどう》とうんちの話をしてはいけないと思いこんでいるからだと思います。日本でもっとも古い歴史《れきし》の本『古事記』には、うんちに関する話がいくつもあり、うんちから神様が生まれる話もあります。たぶん、昔の人はうんちの話をふつうにしていたのだと思います。それなのに、いつの時代からかわかりませんが、まるで魔法《まほう》をかけられたようにうんちの話をしなくなってしまいました。

私《わたし》は、うんちをすることやトイレのことを、もっとふつうに話し合えるようにしたいと思っています。なぜかというと、ふだんから話していないと、トイレやうんちのことでこまったりなやんだりしたときに、話せないからです。話せないということは、だれにも伝《つた》わらないということなので、とてもつらくなります。そうならないようにしたいのです。第3章で説明《せつめい》しましたが、世界では、トイレがないことで、多くの子どもたちが命を落としていいます。もっとたくさんの人が、トイレやうんちの大切さについて話し合い、こまっている人がいることを伝えるべきだと思います。これは外国だけの話ではありません。日本においても、人には言えずにトイレについてこまっている人はたくさんいます。腸《ちょう》や肛門《こうもん》の病気の人もいます。便秘《べんぴ》になりやすい人やおなかをこわしやすい人もいます。災害《さいがい》が起きれば、多くの人がトイレを使えなくなってこまります。

小学校では食育の授業《じゅぎょう》があると思いますが、そのときに、トイレとうんちの授業もしてほしいと考えています。うんちをすることは、はずかしいことではなくとても大切なことです。うんちをしない人は一人もいません。気持ちよくうんちをすることは、とてもいいことです。

でも、トイレやうんちの話をするには、ちょっとした勇気《ゆうき》が必要《ひつよう》です。そう思いませんか？　私は日本トイレ研究所ではたらいています。自己紹介《しょうかい》でそのことを言うと、だいたいおどろかれます。「えっ、なんですかそれ？」という反応《はんのう》です。これって、実はとてもラッキーなことです。なぜかというと、相手におぼえてもらいやすいし、相手からいろいろと聞いてもらえるので、自分が伝えたいことを話しやすくなるからです。トイレと災害、トイレと技術《ぎじゅつ》、トイレとアート、うんちと健康《けんこう》などの話は多くの人が関心《かんしん》を持っています。

ところで、みなさんが、トイレやうんちの授業をうけるとしたら、どんな授業がいいですか？　どんなことを知りたいですか？

私《わたし》には、先ほど説明《せつめい》したように、トイレやうんちに関《かん》する大事な仕事をしている知り合いがたくさんいます。この仲間《なかま》たちと力を合わせて、みなさんが興味《きょうみ》を持ってくれる授業《じゅぎょう》をつくっていきたいと思っています。

一人ひとりが、トイレやうんちの大切さをほんのちょっとだけ意識《いしき》して、ふつうに話せるようになれば世界が変《か》わります。学校のトイレはもっとよくなるし、災害《さいがい》が起きたときもトイレのことでこまらなくなると思います。病気にも早く気づくようになります。「トイレが命を救《すく》う」というのは、全然《ぜんぜん》大げさではありません。

魔法《まほう》をとくには、みなさん一人ひとりの協力《きょうりょく》が必要《ひつよう》です。次にトイレに行ったとき、「もしもトイレがなかったらどうなるかな」ということを、想《そう》像《ぞう》してみてください。そこで感じたことをだれかに話してみてください。きっと何かが変わるはずです。

もしもトイレがなかったら…
トイレが命を救う!?
考えてみよー!
トイレと 災害
〃 技術
〃 アート
えーと…
はいっ

トイレやうんちのことがわかる本

『くらしの中のトイレの歴史《れきし》』

しおうらしんたろう 作・絵

（ポトス出版《しゅっぱん》、2019）

『トイレのおかげ』

森枝雄司《もりえだゆうじ》 写真・文／

はらさんぺい 絵

（福音館《ふくいんかん》書店、2007）

『トイレをつくる 未来《みらい》をつくる』

会田法行《あいだのりゆき》 写真・文

（ポプラ社、2014）

『きれいにふける？ トイレットペーパー』

中須賀朗《なかすかあきら》 監修《かんしゅう》／

中島妙《たえ》 文／ pogo 絵

（ひさかたチャイルド、2009）

『やばいウンチの
せいぶつ図鑑《ずかん》』

今泉忠明《いまいずみただあき》 監修

（世界文化社、2017）

『元気のしるし
朝うんち』

辨野義己《べんのよしみ》・加藤篤《かとうあつし》 共著《きょうちょ》

（少年写真新聞社、2010）

『うんこ図鑑』

荒俣宏《あらまたひろし》 監修／
内山大助・いとうみつる イラスト

（日本図書センター、2018）

『うんことカラダ』

石倉《いしくら》ヒロユキ 作／
金子光延《かねこみつのぶ》 監修

（偕成社《かいせいしゃ》、2018）

『ずら〜りウンチ
ならべてみると…』

小宮輝之《こみやてるゆき》 監修／
西川寛《ひろし》 構成《こうせい》・文／友永《ともなが》たろ 絵

（アリス館、2004）

避難所《ひなんじょ》

（10ページ）

自然災害《しぜんさいがい》などで、家に住むことができなくなった人などが、ある期間とどまる施設《しせつ》。学校の体育館や公民館《こうみんかん》などが避難所となることが多い。

感染症《かんせんしょう》

（5ページ）

ウイルスや細菌《さいきん》など、病気のもとになるものが、体の中に入ることでかかる病気のこと。インフルエンザやはしか、かぜなどがある。

ウイルス

（34ページ）

目に見えないほど小さなもので、ほかの生物の体の中に入り、自分のコピーをつくらせることでふえる。病気を引き起こすものもある。

仮設《かせつ》トイレ

（12ページ）

工事現場《げんば》やイベント会場などに一時的《てき》に置《お》かれるトイレ。多くのものは便器《べんき》の下にうんちやおしっこをためておくためのタンクがある。

自己処理型《じこしょりがた》トイレ

（67ページ）

うんちやおしっこを下水道に流さず、きれいにしてもう一度洗浄水《せんじょうすい》として使うなど、その場で処理する装置《そうち》をそなえたトイレ。

細菌《さいきん》

（34ページ）

とても小さな生物で、乳酸菌《にゅうさんきん》や納豆菌《なっとうきん》など、人の役に立つ細菌もいれば、体の中に入って、食中毒《しょくちゅうどく》や病気を引き起こす細菌もいる。

浄《じょう》化《か》槽《そう》

（76ページ）

下水道のない地域《ちいき》や、環境《かんきょう》を守る目的《もくてき》などで用いられるタンク型の設備《せつび》。この中で、よごれた水をきれいにし、川などへ流せるようにする。

下水処理施設（下水処理場）

（76ページ）

下水道に流されたよごれた水を、固形物《こけいぶつ》を取り除《のぞ》いたりバクテリアという小さな生物を使って分解《ぶんかい》させたりすることで、きれいにする施設。

防《ぼう》災《さい》基《き》本《ほん》計画

（101ページ）

災害の予防《よぼう》や災害時の対応《たいおう》、復旧《ふっきゅう》について、政府《せいふ》の基本的な計画を記したもの。災害には、自然災害のほか、事故《じこ》災害もふくまれる。

携帯《けいたい》トイレ

（80ページ）

うんちやおしっこを入れる袋《ふくろ》と、かためるためのシートや凝《ぎょう》固剤《こざい》などがセットになったもの。災害時以外《いがい》に、登山や長時間のドライブなどでも使える。

マンホールトイレ

（102ページ）

あらかじめ地中に引いておいた下水道管《かん》の上にマンホールを取りつけておき、災害時にトイレとして使用する設備。便槽《べんそう》というタンクにうんちとおしっこをためるタイプもある。

簡易《かんい》トイレ

（102ページ）

持ち運びができる小型のトイレ。携帯トイレを取りつけて使うタイプ、うんちとおしっこを自動でパックするタイプ、ためておくことができるタイプなどがある。

参考文献・資料

〈文献〉

○岡並木著『舗装と下水道の文化』（論創社、一九八九）

○有田正光・石村多門著『ウンコに学べ！』（ちくま新書、二〇〇一）

○『SHASE-S』206-2009（社団法人空気調和・衛生工学会、二〇〇九）

〈資料〉

○アットホーム株式会社ＨＰ「こだわりアカデミー」
[https://www.athome-academy.jp/archive/history/0000000254_all.html]

○国土交通省都市・地域整備局下水道部ＨＰ「下水道の歴史」
[https://www.mlit.go.jp/crd/city/sewerage/data/basic/rekisi.html]

○小平市立図書館ＨＰ「こどもきょうどしりょう」
[https://library.kodaira.ed.jp/kids/tkk/no22.html#detail03]

○ユニセフ（国際連合児童基金）ＨＰ「世界トイレの日プロジェクト」
[https://worldtoiletday.jp/]

○公益社団法人空気調和・衛生工学会集合住宅の住宅避難のためのトイレ使用方法検討小委員会「集合住宅の『災害時のトイレ使用マニュアル』作成手引き」（二〇二〇）
[http://www.shasej.org/iinkai/200603/20200603.pdf]

○国立がん研究センターＨＰ「がん情報サービス」
[https://ganjoho.jp/public/pre_scr/cause_prevention/evidence_based.html]
○国土交通省ＨＰ「現場の環境整備」
[https://www.mlit.go.jp/tec/kankyouseibi.html]
○国立感染症研究所ＨＰ「ヒトに感染するコロナウイルス」
[https://www.niid.go.jp/niid/ja/from-idsc/2482-2020-01-10-06-50-40/9303-coronavirus.html]
○厚生労働省ＨＰ「新型コロナウイルスに関するQ&A」
[https://www.mhlw.go.jp/stf/seisakunitsuite/bunya/kenkou_iryou/dengue_fever_qa_00001.html]
○文部科学省『学校における新型コロナウイルス感染症に関する衛生管理マニュアル〜「学校の新しい生活様式」〜』2020.6.16 Ver.2（二〇二〇）
[https://www.mext.go.jp/content/20200616-mxt_kouhou01-000007426_01.pdf]
○菅原えりさ・伊与亨監「学校トイレの環境衛生と手洗い」ＮＰＯ法人日本トイレ研究所・小林製薬株式会社（二〇二〇）
[https://www.kobayashi.co.jp/corporate/news/2020/200605_02/pdf/02.pdf]

【著者・イラストレーター紹介】

■ 著者　加藤 篤（かとう あつし）

1972年、愛知県生まれ。芝浦工業大学システム工学部卒業。NPO法人日本トイレ研究所代表理事。災害時のトイレ・衛生調査の実施、小学校のトイレ空間改善、小学校教諭等を対象にした研修会、トイレやうんちの大切さを伝える出前授業、子どもの排便に詳しい病院リストの作成などを行う。災害時トイレ衛生管理講習会を開催し、人材育成に取り組む。TOILET MAGAZINE（http://toilet-magazine.jp/）を運営。循環のみち下水道賞選定委員（国土交通省）など。
主な著書に、『元気のしるし朝うんち』（共著、少年写真新聞社、2010）、『うんちはすごい』（イースト・プレス、2018）など。

■ イラストレーター　櫻井 敦子（さくらい あつこ）

女子美術大学卒業。イラストレーター。

『おかえり、またあえたね』（石井光太・著／東京書籍、2011）、『たべるってたのしい！ すききらいなんてだいきらい』（少年写真新聞社、2016）などの絵を担当。

児童書を中心に制作。

監修協力：〔第２章〕中野美和子（神戸学園、さいたま市立病院小児外科〔非常勤・元部長〕）
〔第５章３〕菅原えりさ（東京医療保健大学大学院感染制御学教授）

装丁・本文イラスト　櫻井 敦子

もしもトイレがなかったら

2020年11月19日　初版第１刷発行
2022年２月１日　第２刷発行
著　者　加藤 篤
発行人　松本 恒
発行所　株式会社 少年写真新聞社
〒102-8232　東京都千代田区九段南４-７-16 市ヶ谷ＫＴビルⅠ
Tel（03）3264-2624　Fax（03）5276-7785
https://www.schoolpress.co.jp
印刷所　図書印刷株式会社

ISBN 978-4-87981-728-0　C8095 NDC528

洗《あら》おう

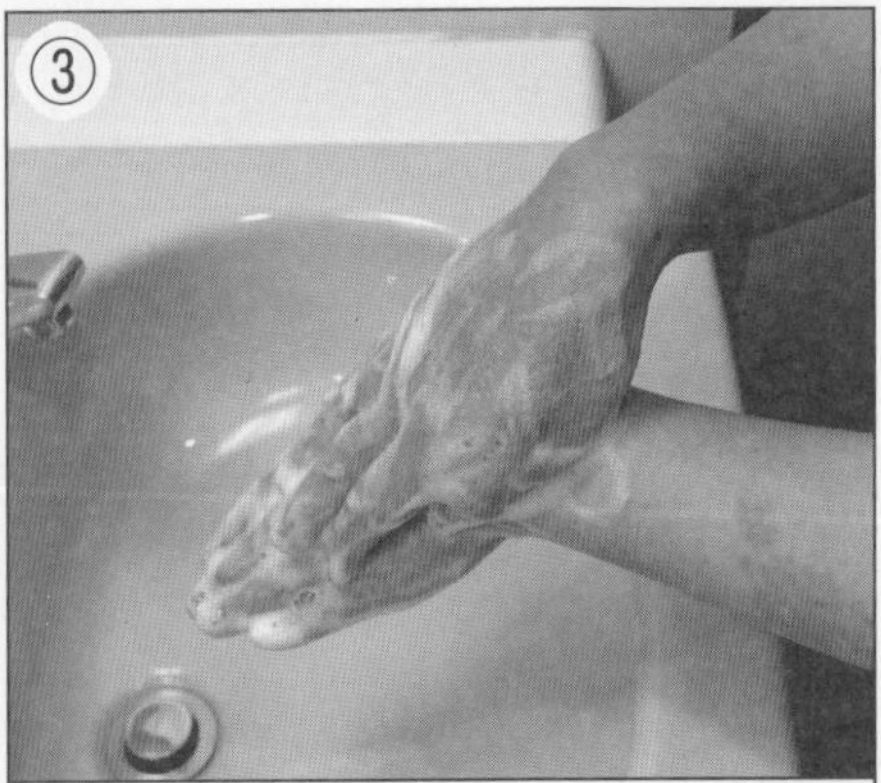

手の甲《こう》を、反対の手のひらでこすり洗いする（左右とも）。

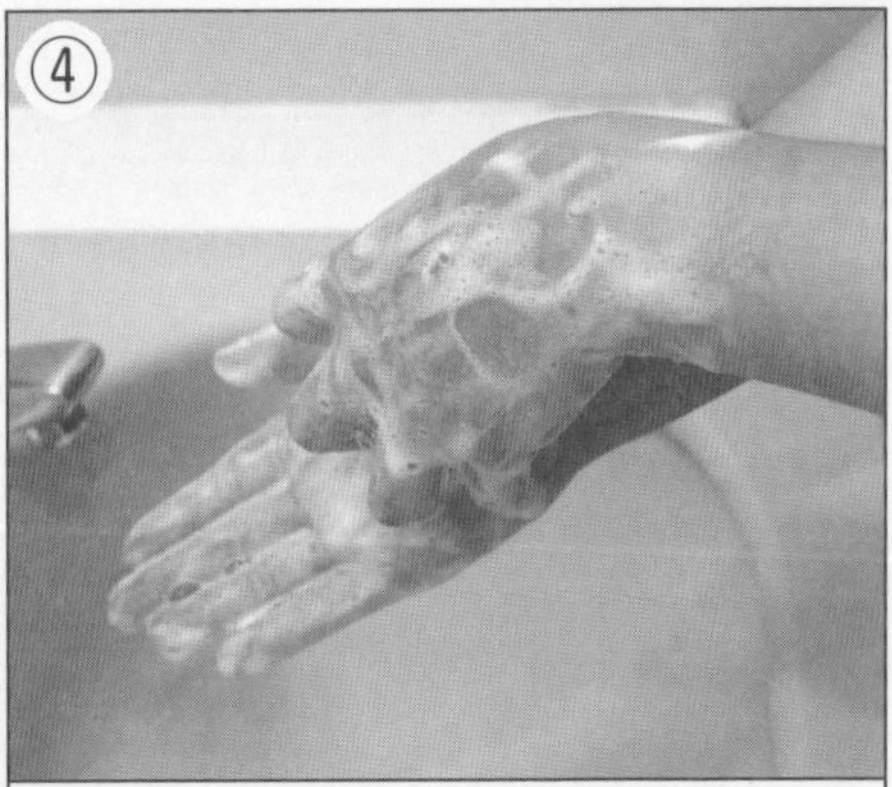

指先を反対の手のひらにこすりつけ、つめの中も洗う（左右とも）。

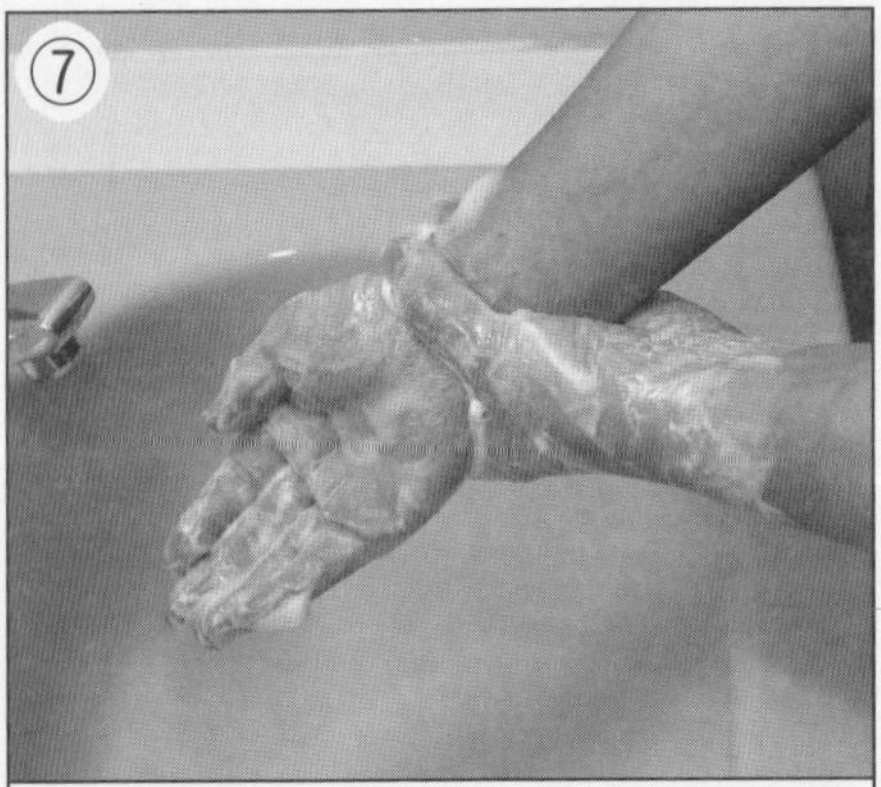

手首を反対の手でつかみ、回すように洗う（左右とも）。

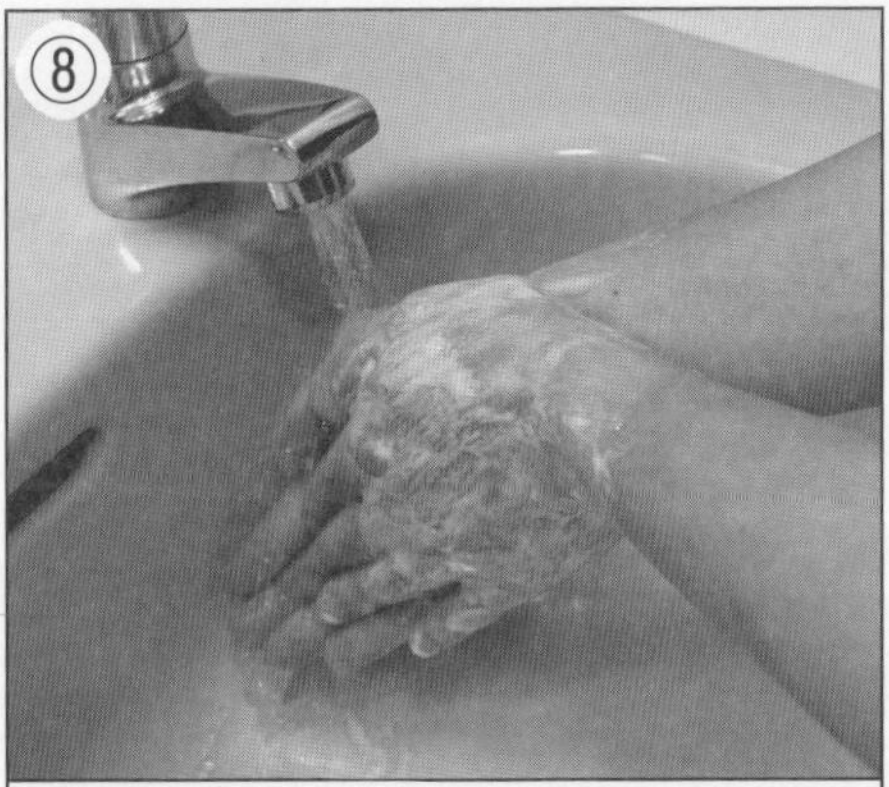

流水ですすぎ、よごれをしっかりと洗い流す。

⑨最後《さいご》に自分用の、せいけつなハンカチや布《ぬの》タオルなどで水気をふき取る（ハンカチや布タオルは共有《きょうゆう》しない）。